Jürgen Ritter · Peter Joachim Lapp

Deutschland grenzenlos

Jürgen Ritter · Peter Joachim Lapp

DEUTSCHLAND GRENZENLOS

Bilder der deutsch-deutschen Grenze
Damals und heute

Ch.Links VERLAG

Gewidmet den Opfern der deutschen Teilung

Das »Fenster des Gedenkens« für die Grenzopfer in der Gedenkstätte Berliner Mauer.

Die Deutsche Nationalbibliothek verzeichnet diese Publikation
in der Deutschen Nationalbibliografie; detaillierte bibliografische Daten
sind im Internet über www.dnb.de abrufbar.

Ch. Links Verlag ist eine Marke der Aufbau Verlage GmbH & Co. KG

4. Auflage, 2022

Die Erstausgabe erschien 2014 im Christoph Links Verlag GmbH.
www.christoph-links-verlag.de
Prinzenstraße 85, 10969 Berlin
Umschlaggestaltung unter Verwendung von Fotos der Brücke über die Werra
von Philippsthal (Hessen) nach Vacha (Thüringen)
Satz: Ch. Links Verlag, Berlin
Druck und Bindung: Graspo CZ, Tschechien

ISBN 978-3-96289-170-1

Inhalt

Alte und neue Fotos aus dem früheren Grenzgebiet . . . 35

Anhang

Stadt- und Landkreise entlang der innerdeutschen Grenze, die seit 1987 in den »Kleinen Grenzverkehr« einbezogen waren.

Geleitwort von Rainer Eppelmann

Vorstandsvorsitzender der Bundesstiftung zur Aufarbeitung der SED-Diktatur

Distanz 14,1 Kilometer, Fahrtzeit 13 Minuten, Helmstedt – Marienborn. Distanz 29,1 Kilometer, Fahrtzeit 23 Minuten, Hof – Plauen. Distanz null, Fahrtzeit keine, Mödlareuth. Befragt man heute Routenplaner, wie man von einem Ort an der ehemaligen innerdeutschen Grenze zum nächsten kommt, erhält man zuverlässig Auskunft. Inzwischen sind diese Strecken kaum mehr als ein »Katzensprung«. Vor dreißig Jahren waren die Entfernungen dieselben, die zu überwindenden Distanzen jedoch ungleich andere. Für viele von uns wurde die Fahrtzeit von einem dieser Orte zum jeweils anderen jenseits der Grenze in Jahren gemessen. Denn erst mit dem Eintritt ins Rentenalter konnte man relativ sicher sein, dass einem der Staat DDR die Aus- und Wiedereinreise vergleichsweise problemlos gestattete.

Mir geht es auch heute noch so, dass ich die einstige Grenze des geteilten Deutschlands nicht überqueren kann, ohne mich wenigstens einen kurzen Moment daran zu erinnern, wie es vor dem Herbst 1989 war. Mehr als dreißig Jahre nach dem Mauerfall gerät der Umstand allzu leicht in Vergessenheit, dass eine hermetisch abgeriegelte Grenze für die Deutschen in West und Ost jahrzehntelang Realität gewesen ist. Zwischen 1949 und dem Mauerbau flohen etwa drei Millionen Menschen von Ost nach West.

Als die SED am 13. August 1961 mit Stein und Stacheldraht ihren politischen Konkurs erklärte und ihrem System eine neue Gnadenfrist gab, wurden 17 Millionen Menschen zu Gefangenen der SED-Diktatur. Jene, die an der Diktatur verzweifelten und trotz Mauer, Stacheldraht, Selbstschussanlagen und der Allgegenwart bewaffneter Posten die Flucht wagten, setzten ihr Leben aufs Spiel. Nur wenigen gelang es, diese Grenze zu überwinden. Die meisten »Grenzverletzer« – wie sie in der Sprache der Machthaber in der DDR genannt wurden – endeten im Gefängnis. Etwa eintausend Frauen und Männer, Jugendliche und Kinder bezahlten ihre Fluchtversuche mit dem Leben.

Heute erinnert entlang der einstigen Grenze oder der Mauer in Berlin kaum noch etwas an diese lebensgefährliche Geschichte. Die Natur hat sich das Ihre zurückgeholt. Der freie und idyllische Blick über Täler und Berge macht allzu leicht vergessen, welche menschlichen Tragödien mit der deutschen Teilung verbunden waren. In Berlin sind die durch die Mauer geschlagenen städtebaulichen Wunden längst schicken Häusern und glänzenden Fassaden gewichen. Wären da nicht engagierte Menschen aus Ost und West, die sich in Vereinen und Initiativen für den Erhalt von Erinnerungsorten einsetzen würden, die Gedenkstätten und Grenzlandmuseen errichtet haben, würde kaum noch etwas an die jahrzehntelange Trennung erinnern.

Nicht nur zu Jahrestagen muss die historisch-politische Bildungsarbeit ganz bewusst die Teilung und das Grenzregime mit all ihren Facetten zurück in unsere Köpfe bringen. Nicht um zu spalten oder zu trennen, sondern um gegen das Vergessen und Verdrängen anzugehen. Das mörderische Grenzregime muss in unserer Erinnerung bewahrt werden, damit die Vergangenheit nicht verklärt und das Erreichte nicht kleingeredet werden kann.

Genau dies leisten die Autoren des Bandes mit den hier präsentierten Fotos und Texten.

Vorwort der Autoren zur 4. Auflage

Seit dem Mauerfall in Berlin und der Öffnung der innerdeutschen Grenze im November 1989 sind inzwischen mehr als drei Jahrzehnte vergangen. In den ersten 15 Jahren der Deutschen Einheit sind grundsätzliche Veränderungen vollzogen oder auf den Weg gebracht worden, die in der 3. Auflage dieses Buches 2015 in Fotopaaren für die einzelnen ehemaligen Grenzregionen und im Begleittext festgehalten wurden. Für die nun vorliegende 4. Auflage wurden die Angaben zu den Grenz- und Gedenkstätten an der ehemaligen innerdeutsche Grenze und in Berlin auf den Stand vom Jahresbeginn 2022 gebracht. Außerdem wurden einige Fotos ausgetauscht.

Anfang Oktober 1990, knapp ein Jahr nach Friedlicher Revolution und Mauer- und Grenzfall, beendete der zweite deutsche Staat seine Existenz, nachdem die Abgeordneten der demokratisch gewählten Volkskammer im August desselben Jahres mit Zweidrittelmehrheit den Beitritt der DDR zur Bundesrepublik Deutschland beschlossen hatten. Vor der deutschen Einheit waren der Bevölkerung in der Noch-DDR von Helmut Kohl, dem damaligen Bundeskanzler und CDU-Chef, »blühende Landschaften« versprochen worden. In den folgenden Jahren erfüllten sich diese Ankündigungen nur langsam, da die Wirtschaft in den neuen Bundesländern stärker schrumpfte als angenommen und deshalb die Arbeitslosigkeit stark zunahm und schließlich rund doppelt so hoch war wie im Westen Deutschlands. Erst im letzten Jahrzehnt entspannte sich die Situation auf dem ostdeutschen Arbeitsmarkt, lag aber 2013 mit 10,3 Prozent noch immer deutlich über der Arbeitslosigkeit im Westen (6,0 Prozent). Im Jahr 2021 sieht es besser aus: Im Osten lag sie im Jahresdurchschnitt bei nur noch 7,3 Prozent, im Westen bei 5,6 Prozent.

Ziel der Politik ist es, vom Grundgesetz ausdrücklich gefordert, in allen Bundesländern vergleichbare Lebensverhältnisse herzustellen. Transferzahlungen in Milliardenhöhe halfen, dem Ziel im Osten näherzukommen; die speziellen Milliardenhilfen (Solidarpakt I und II) sind 2019 ausgelaufen, heute gelten für alle strukturschwachen Regionen Deutschlands neue Fördergrundsätze. Es gibt aber nach wie vor große wirtschaftliche Unterschiede zwischen Ost und West. Der Abstand zwischen den alten und den neuen Bundesländern wurde jahrelang größer; auch nach dem neuesten Bericht der Bundesregierung zur Deutschen Einheit 2021 konnte eine Angleichung noch nicht erreicht werden: Das Bruttoinlandsprodukt je Einwohner liegt im Osten heute bei 70 Prozent des westdeutschen Niveaus, die Haushaltseinkommen in Ostdeutschland sind um ein Fünftel niedriger als die in der alten Bundesrepublik, und auch das Rentenniveau konnte bislang nicht auf Weststandard angehoben werden.

Zwischen 1991 und 2012 war in Ostdeutschland ein spürbarer Bevölkerungsrückgang zu verzeichnen, die Zahl der Einwohner nahm um 13,5 Prozent ab. Darüber hinaus pendeln nach wie vor Zehntausende Menschen aus den westlichen Regionen der neuen Länder und aus dem Raum Berlin wegen der besseren Beschäftigungs- und Verdienstmöglichkeiten in die alten Bundesländer bzw. nach West-Berlin. Nach der Deindustrialisierung weiter Landstriche auf dem Gebiet der ehemaligen DDR ist eine Trendumkehr eingetreten und die Abwanderung von Ost nach West scheint gestoppt: 2012 zogen erstmals seit der Wiedervereinigung ungefähr so viele Menschen von Ost- nach Westdeutschland wie umgekehrt. Ostdeutsche, die heute im Westen leben und arbeiten, erwägen öfter als früher eine Rückkehr in ihre alte Heimat, insbesondere in Regionen, in denen seit der Einheit neue industrielle Kerne entstanden sind.

In diesem Zusammenhang stellt sich die Frage nach der inneren Einheit der Deutschen, die seit 1990 wieder in einem Staat leben dürfen. 45 Jahre unterschiedliche Entwicklungen in Ost und West seit Ende des Zweiten Weltkrieges haben Millionen Menschen geprägt und Mentalitäten geschaffen, die sich nicht nach drei Jahrzehnten deutscher Einheit angleichen konnten, zumal die wirtschaftliche Schocktherapie nach 1990 manche Gräben vertieft hat. Es dürfte weitere Jahrzehnte dauern, bis die Unterschiede verschwunden sind. »Jetzt wächst zusammen, was zusammengehört«, kommentierte der erste SPD-Kanzler der alten Bundesrepublik, Willy Brandt, den Fall der Mauer, als sich die deutsche Wiedervereinigung bereits abzeichnete. Diese Aussage fand in allen politischen Lagern Zustimmung, bis in Kreise der Linken.

Unter dem Reformer Hans Modrow hatte die gewendete SED/PDS Anfang 1990 viel zu spät die Idee von einer deutschen Konföderation und das »Deutschland, einig Vaterland« aus dem Text der DDR-Hymne wiederbelebt, die seit Anfang der 1970er Jahre nur noch intoniert werden durfte. Bis zur Friedlichen Revolution in der DDR gab die Mehrheit der Deutschen einer Vereinigung des geteilten Landes kaum eine Chance, eine starke Minderheit in der Bonner politischen Klasse hatte sie sogar endgültig abgeschrieben. Diese Politiker handelten de facto gegen die Präambel des Grundgesetzes, die das Wiedervereinigungsgebot enthielt, sowie gegen das Urteil des Bundesverfassungsgerichts zum Grundlagenvertrag aus dem Jahre 1973, das alle Verfassungsorgane – und damit auch die Abgeordneten des Bundestags – verpflichtete, den Wiedervereinigungsanspruch im Inneren wachzuhalten und nach außen beharrlich zu vertreten.

Die Verfasser dieses Buches haben sich von unterschiedlichen politischen Positionen aus lange vor 1989/90 für eine deutsche Wiedervereinigung eingesetzt und die Zustände an Mauer und innerdeutscher Grenze kritisiert und wurden dafür in der alten Bundesrepublik vielfach belächelt oder auch angefeindet. Jürgen Ritter sah sich in den 1980er Jahren bei seinen Fotoausstellungen über die innerdeutsche Grenze öfter Behinderungen ausgesetzt, da manche Kommunal- und Landespolitiker im Westen aus Rücksicht auf die Empfindlichkeiten der DDR seine Veranstaltungen verhindern wollten, um deutsch-deutsche Städtepartnerschaften nicht zu gefährden. Aktivitäten des Vereins Grenzopfer, 1982 durch Ritter gegründet, standen unter Beobachtung des Ministeriums für Staatssicherheit (MfS), das gegen ihn westdeutsche inoffizielle Mitarbeiter (IM) einsetzte. Peter Joachim Lapp, von 1977 bis 1997 Politikredakteur beim Deutschlandfunk, wurde vom MfS in den 1980er Jahren als »gefährlicher Feind der DDR« eingeschätzt.

Beide Autoren sehen in der deutschen Einheit, bei einigen Fehlern und Mängeln im Vollzug, ein Geschenk der Geschichte, das die unnatürliche Teilung des Landes beendete und den Deutschen endlich ihr Selbstbestimmungsrecht zurückgab. Jürgen Ritter hat in Zehntausenden von Aufnahmen die frühere Grenze durch Deutschland dokumentiert und nach der Einheit die landschaftlichen und baulichen Veränderungen festgehalten. Die aussagestärksten alten und neuen Bilder werden in diesem Buch vorgestellt, um dem Betrachter vor Augen zu führen, welcher Wandel an der ehemaligen Grenzlinie stattgefunden hat. Peter Joachim Lapp schildert in Umrissen – nach einem Blick auf die Geschichte der ehemaligen innerdeutschen Grenze – die wichtigsten politischen, wirtschaftlichen, ökologischen und sozialen Veränderungen im früheren deutsch-deutschen Grenzgebiet nach 1989.

Zur Geschichte der innerdeutschen Grenze und der Berliner Mauer bis 1989/90

Am 9. November 1989 fiel die Berliner Mauer, und kurz darauf wurden die DDR-Übergänge zur Bundesrepublik geöffnet. Bis dahin hatten Mauer und Grenzsperren in und um Berlin sowie Grenzanlagen an der innerdeutschen Grenze unerlaubte bzw. »ungesetzliche Grenzübertritte« aus Richtung DDR und Berlin (Ost) in Richtung Westen verhindert, und die Grenzsicherungskräfte der DDR waren verpflichtet, notfalls auf Personen, die den zweiten deutschen Staat ohne Genehmigung verlassen wollten (sogenannte Grenzverletzer), zu schießen. Dabei kamen Hunderte von Bürgern der DDR ums Leben. Andere ertranken bei Fluchtversuchen in der Ostsee oder in Grenzgewässern. Außerdem wurden Hunderte durch Schusswaffengebrauch, bis 1985 auch durch Splitter- und Bodenminen, verletzt. Darüber hinaus erhielten Zehntausende, die man bei Fluchtversuchen festnahm, Haftstrafen bis zu mehreren Jahren. Mit Zwangsmaßnahmen siedelten die Behörden 1952 und 1961 rund 12 000 Personen aus den Grenzgebieten zur BRD ins Innere der DDR um, an der Sektorengrenze des »Demokratischen Sektors« (amtliche Bezeichnung der DDR für den Sowjetsektor Berlins) zu Berlin (West) verloren nach dem 13. August 1961 Tausende ihre Wohnungen.[1]

Die Teilung Deutschlands und seiner Hauptstadt entstand nicht im luftleeren Raum, sondern war Ergebnis des von den Nationalsozialisten angezettelten verlorenen Krieges

1984: Zwischen zwei Begrenzungszäunen ein Bodenminenfeld nahe Sonneberg (DDR-Grenzbezirk Suhl).

1 Jürgen Ritter/Peter Joachim Lapp: Die Grenze. Ein deutsches Bauwerk, 9. Aufl., Berlin 2015; Peter Joachim Lapp: Grenzregime der DDR, Aachen 2013; Jürgen Rühle/Gunter Holzweißig: 13. August 1961. Die Mauer von Berlin, 3. Aufl., Köln 1988; Klaus-Dietmar Henke: Die Mauer. Errichtung, Überwindung, Erinnerung, München 2011; Inge Bennewitz/Rainer Potratz: Zwangsaussiedlungen an der innerdeutschen Grenze. Analysen und Dokumente, 4. Aufl., Berlin 2012

Alte und neue Schilder bzw. Informationen des BGS. Nach Inkrafttreten der innerdeutschen Verträge ab 1971/72 verschwand der Begriff »Zonengrenze« und wurde durch das neutralere Wort »Grenze« ersetzt.

sowie der Entfremdung zwischen den Alliierten nach 1945. Die Grenzen zwischen ihren vier Besatzungszonen, die zunächst als »Demarkationslinien« und in Berlin als »Sektorengrenzen« bezeichnet wurden, sollten nach den alliierten Vereinbarungen aus den ersten Nachkriegsjahren nur den Charakter von Verwaltungsgrenzen haben und orientierten sich in der Regel an den alten Grenzen der deutschen Länder und Provinzen sowie den Berliner Stadtbezirken. Vor allem war das von den Alliierten besetzte Deutschland wirtschaftlich (weiter) als Einheit zu betrachten, so die ursprünglichen Pläne. Aber nach fünf Außenministerkonferenzen der Siegermächte über Deutschland 1946/47, die zu keinen Ergebnissen hinsichtlich der gemeinsamen Zukunft der vier Besatzungszonen führten, entschlossen sich die Westmächte im Frühjahr 1948, in Westdeutschland ein föderatives Regierungssystem zu installieren und dieses in eine westliche Wirtschafts- und Wertegemeinschaft einzufügen. Eine Währungsreform in den Westzonen und in den Westsektoren Berlins sollte folgen. Die Sowjets nahmen diese Beschlüsse zum Anlass, die Mitarbeit im Alliierten Kontrollrat im März 1948 einzustellen. Damit endete die bisherige, halbwegs funktionierende Vier-Mächte-Verwaltung über das besetzte Land, und der Kalte Krieg setzte bald darauf mit der ersten Berlinkrise voll ein, ausgelöst durch die sowjetische Blockade West-Berlins ab Juni 1948 (die erst Mai 1949 endete). Jede der vier Siegermächte hatte inzwischen ihrer Besatzungszone mehr oder weniger offen und konsequent das ihr genehme politische und wirtschaftliche System verordnet. Die drei westlichen Zonen Deutschlands waren dabei in der weitaus komfortableren Lage, da über sie demokratische und teilweise wirtschaftlich potente Staaten bestimmten, die z. B. finanzielle Hilfen (Marschallplan) gewährten und auf Reparationen größeren Ausmaßes, im Gegensatz zu den Sowjets, verzichteten. Außerdem befanden sich die Schwerindustrie-

1982: Minenfeld (zwischen den Zäunen) in der Nähe des »geschleiften« Ortes Neuhof nördlich von Ratzeburg.

betriebe und die wichtigsten Bodenschätze (Kohle) im Westen (Ruhrgebiet).[2] Damit war die Bundesrepublik Deutschland, 1949 aus den drei Westzonen gebildet und in der Folge durch demokratische Wahlen hinreichend legitimiert, der Deutschen Demokratischen Republik (DDR), die auf Geheiß von Josef W. Stalin kurz darauf ins Leben gerufen wurde, wirtschaftlich und politisch überlegen. Wegen des wirtschaftlichen Ost-West-Gefälles und der begrenzten politischen Beteiligungs- und Einflussmöglichkeiten im Osten strebten Hunderttausende, wie schon zu Zeiten der Sowjetischen Besatzungszone (SBZ), in den Westen. Bis zum Mauerbau im August 1961 waren das rund 2,5 Millionen Menschen, die aus dem Osten abwanderten bzw. flüchteten, darunter besonders viele junge Menschen.[3]

Um diesen Aderlass zu stoppen, sahen sich die Verantwortlichen in Moskau und Ost-Berlin veranlasst, Ausreise und Flucht aus der DDR zu unterbinden; durch Schusswaffeneinsatz gegen »Grenzverletzer«, ab 1952 durch Errichtung eines Grenzsperrgebietes an der Demarkationslinie zum Westen (5-km-Sperrzone und 500-m-Schutzstreifen), ab 1961 auch durch den Bau einer Mauer durch die Vier-Sektoren-Stadt Berlin, durch Grenzsignal- und Sperrzäune, durch Hundelaufanlagen an Stellen mit erhöhter »Grenzverletzerbewegung« sowie durch Ausbringung von Bodenminen (Infanterie- bzw. Anti-Personen-Minen) ab 1961 (bis 1985) und durch Installierung von Selbstschussgeräten (Splitterminen/SM-70) ab 1971 (bis 1984) an der Grenze zur BRD. Die Schusswaffengebrauchsbestimmungen der Grenztruppen, im Westen umgangssprachlich als Schießbefehl bezeichnet, galten bis in den April 1989 hinein und forderten noch im Februar 1989 Opfer (Chris Gueffroy). Um die »Republikflucht« ihrer Bürger zu verhindern, unterhielt die DDR besondere Grenztruppen mit 44000 Angehörigen (1980er Jahre), die durch Tausende von »Freiwilligen Helfern« (1987/88: 7427) unterstützt wurden. Damit nicht genug: Zehntausende weitere »Sicherheitskräfte« wie Volks- und Transportpolizei (ebenfalls mit freiwilligen Helfern), MfS-Bedienstete (ab 1986 auch mit eigenen »Grenzbeauftragten«) und nicht zuletzt inoffizielle Mitarbeiter des Mielke-Imperiums auf allen

2 Wolfgang Benz (Hrsg.): Deutschland unter alliierter Besatzung 1945–1949/55. Ein Handbuch, Berlin 1999; Wolfgang Benz: Die Gründung der Bundesrepublik. Von der Bizone zum souveränen Staat, 4. Aufl., München 1994; Dietrich Staritz: Geschichte der DDR. Erweiterte Neuausgabe, Frankfurt am Main 1996; Clemens Burrichter/Detlef Nakath/Gerd-Rüdiger Stephan (Hrsg.): Deutsche Zeitgeschichte von 1945 bis 2000. Gesellschaft – Staat – Politik. Ein Handbuch, Berlin 2006

3 Rainer Eppelmann/Horst Möller/Günter Nooke/Dorothee Wilms (Hrsg.): Lexikon des DDR-Sozialismus. Das Staats- und Gesellschaftssystem der Deutschen Demokratischen Republik, Paderborn 1996; Klaus Schroeder: Der SED-Staat. Partei, Staat und Gesellschaft 1949–1990, München 1998; Hermann Weber: Geschichte der DDR, 2. Aufl., München 2000; Rolf Badstübner (Leiter des Autorenkollektivs): Geschichte der Deutschen Demokratischen Republik, Berlin (Ost) 1981

Ebenen trugen ihren Teil zur Fluchtverhinderung und Abschottung der Grenzgebiete bei.

Grundsätzliche Beschlüsse zum Grenzregime ergingen entsprechend sowjetischer Auflagen durch die Führungsgremien der SED, also durch das Zentralkomitee und sein Politbüro. Auf der Grundlage dieser Vorgaben verabschiedeten Volkskammer und Ministerrat der DDR entsprechende Gesetze und Verordnungen. Ihre Umsetzung und Kontrolle veranlassten zentrale, territoriale und örtliche Partei- und Staatsorgane, die ihrerseits Einfluss auf das Handeln aller »Schutz- und Sicherheitsorgane« nahmen, etwa durch »Grenzdirektiven« des ZK der SED. DDR-Einwohner in den Grenzgebieten zur BRD und an der Grenze zu West-Berlin waren gut beraten, sich an diese Auflagen und rechtlichen Vorgaben zu halten. Andernfalls war ihr Verbleiben in den Heimatgemeinden gefährdet, da den Behörden (Rat des Kreises/Abteilung Inneres) die Möglichkeit an die Hand gegeben war, sie jederzeit auszusiedeln. Aufenthalt und Besuche im Grenzgebiet regelten Rechtsnormen, zuletzt das DDR-Grenzgesetz von 1982 und seine Folgebestimmungen. Es existierten eine Vielzahl von Verboten und Geboten für den Daueraufenthalt sowie Erlaubnisvorbehalte für das Wohnen und Arbeiten im 5-km-Sperrgebiet und im Schutzstreifen; für Einreisen/Besuche mussten Passierscheine verschiedener Kategorien beantragt werden, die zeitlich befristet waren und nur für bestimmte Orte galten. Entsprechende Papiere stellte die Volkspolizei aus, die ihrerseits in diesen Angelegenheiten eng mit dem MfS zusammenzuarbeiten hatte. Überhaupt widmete sich die Volkspolizei im Grenzgebiet und im grenznahen Raum schwerpunktmäßig Kontroll- und Überwachungsmaßnahmen, die sich auf das Erkennen von »Grenzverletzern« und die Verhinderung von »Grenzdurchbrüchen« konzentrierten. Ihre Dienststellen führten »Grenzgefährdetenkarteien« (GGK), die diejenigen Einwohner im Grenzgebiet erfassten, die in Verdacht standen, sich mit Fluchtabsichten zu tragen, oder die politisch auffällig geworden waren. In der unmittelbaren Nähe der Grenze, vor allem in Ortschaften im Schutzstreifen, übernahmen »Grenzaufklärer«, besonders ausgebildete Angehörige der Grenztruppen mit MfS-Anbindung, und »Freiwillige Helfer der Grenztruppen« viele der Kontrollaufgaben, die vor der Privatsphäre der Einwohner nicht haltmachten. Mit anderen Worten: Die Bürger im DDR-Grenzgebiet unterlagen einer ständigen, intensiven Beobachtung und Bespitzelung. Ein Teil der Grenzbevölkerung empfand diese Situation als permanenten Ausnahmezustand und kritisierte das auch im privaten Umfeld.

Als besonders lästig wurden die restriktiven Bestimmungen über die Einreise von Besuchern in das Grenzgebiet empfunden, die immer wieder zu Beschwerden (Eingaben) an Partei- und Staatsorgane führten. »Aufklärungsergebnisse über die Lage im eigenen Grenzgebiet«, die die Unterabteilungen Grenzaufklärung der (drei) Grenzkommandos monatlich zusammenfassten, belegen, dass eine weitverbreitete Unzufriedenheit innerhalb der Grenzbevölkerung gerade über Fragen der Antragstellung und Genehmigung von Einreisen in das Grenzgebiet vorhanden war und sich die politisch und administrativ zuständigen SED-Grenzkreisleitungen und Räte der Grenzkreise ständig mit diesem Thema befassen mussten. Bei-

1980er Jahre: Typischer DDR-Grenzsignal- und Sperrzaun.

spielsweise kritisierten ältere Einwohner, dass ihre Anträge zur Einreise von Personen zum Zwecke ihrer Betreuung abgelehnt wurden und erst Beschwerden halfen, die Besuche doch zu ermöglichen. Die Berichte der Unterabteilung Grenzaufklärung dokumentieren darüber hinaus eine häufig anzutreffende Sorglosigkeit der örtlichen Organe und Leiter staatlicher und wirtschaftlicher Einrichtungen bei der Ausgabe und Rücknahme von Arbeitspassierscheinen, wodurch angeblich die unberechtigte Einreise ins Grenzgebiet begünstigt wurde. Oft wurden auch Personen festgestellt, die mit abgelaufenen bzw. ungültigen Passierscheinen unterwegs waren oder Papiere vorzeigten, die nicht für den betreffenden Grenzkreis galten. Diese Bürger bezeichnete die Staatsmacht als »Verletzer der Grenzordnung«, die zumindest mit Geldstrafen rechnen mussten. Die Passierscheinpraktiken waren bis zum Ende der DDR ein Dauerärgernis, und die vielfältigen Kontrollen verursachten einen erheblichen Personalaufwand.

Rund 200 000 Bürger lebten in den 1980er Jahren ständig im Grenzgebiet der DDR zur BRD und zu Berlin (West). Seit 1972 hatte man dieses Gebiet verkleinert. Im 500-m-Schutzstreifen an der innerdeutschen Grenze waren zuletzt etwa 15 000 Einwohner gemeldet, im Schutzstreifen um West-Berlin hielten sich, zusammen mit den Beschäftigten der Grenzbetriebe, rund 140 000 Bürger auf (davon waren nicht mehr als 20 Prozent ständige Einwohner). Für Nachteile, die der Grenzbevölkerung entstanden, gewährte die Partei- und Staatsführung kleinere Vergünstigungen, zum Beispiel einen »Grenzzuschlag« von bis zu 100 Mark zu Lohn und Gehalt. In der zweiten Hälfte der 1980er Jahre lockerten die Behörden die bisherigen strengen Auflagen für den Zugang ins Grenzgebiet: Transporte des Roten Kreuzes, Einsätze von Notärzten, Kohlenlieferungen und Taxifahrten wurden erleichtert. Westbesuchern, die auf Grund der innerdeutschen Verträge von 1972/73 zu Kurzreisen (Tages-/Zweitagesaufenthalte) in grenznahe Bereiche der DDR einreisen konn-

»Öffnen Sie dieses Tor«, rief US-Präsident Ronald Reagan in West-Berlin am 12. Juni 1987 in Richtung Kreml. Links neben ihm Bundeskanzler Helmut Kohl, rechts der Regierende Bürgermeister Eberhard Diepgen. Damals für die meisten Zuhörer nur eine mehr als vage Vision.

ten, wurden Besuche in der Grenzsperrzone nicht gestattet; erst in der Endzeit der DDR verfuhr man großzügiger.

Zu einem vergleichsweise radikalen Schritt konnte sich die SED-Führung erst in allerletzter Stunde und damit viel zu spät durchringen: Ausgerechnet am 9. November 1989, dem Tag des Mauerfalls, schlug DDR-Verteidigungsminister Heinz Keßler, Mitglied des Politbüros, auf der 10. Tagung des ZK der SED vor, »das Grenzgebiet an der Staatsgrenze der BRD von gegenwärtig 5 km auf 500 m bis maximal 1000 m zu verringern. Dadurch würden ca. 450 Ortschaften mit 170 000 Einwohnern aus dem Grenzgebiet herausgelöst werden.« Am Abend desselben Tages war dieser Vorschlag bereits Altpapier.

11. November 1989: Auf der panzersicheren Mauer vor dem Brandenburger Tor stehen unbewaffnete Offiziersschüler der DDR-Grenztruppen, um jubelnde Menschen auf der Westseite vom Besteigen des Hindernisses abzuhalten. Noch vor Weihnachten wird auch hier am 22. Dezember 1989 die Sperre aufgehoben.

Charakteristik der DDR-Grenze zur BRD und zu Berlin (West)

Gesamtlänge zur BRD	1377,9 km	Gesamtlänge zu Berlin (West)	161,0 km
davon		davon	
Wald	515,3 km	Wald	34,2 km
offenes Gelände	537,5 km	offenes Gelände	35,1 km
Gewässer	325,1 km	bebautes Gelände	91,7 km

Quelle: Oberst Dr. Bernd Schepeler: Der Schutz der Staatsgrenze – zeitgemäß – rechtmäßig – menschlich – Sache des gesamten Volkes der Deutschen Demokratischen Republik. Hrsg.: Grenztruppen der DDR. Schriftenreihe der Offiziershochschule »Rosa Luxemburg«, Heft 3, Suhl 1989, S. 202 (Anlage 5)

Bei Fluchtversuchen getötete Personen (1949–1989)

Autor/Quelle	Jahr	Flüchtlinge getötet
HELP	1995	588 + 97*
Neubert	1998	< 900
Eisenfeld	2000	744
ZERV	2001	421
Jahntz	2004	mindestens 270
Hertle/Sälter	2006	mindestens 270, vermutlich etwa 780
Neubert	2006	knapp 1000
Knabe	2007	mindestens 270
AG »13. August«	2008	1303
AG »13. August«	2012	1676

* Bei den 97 handelt es sich um »bei Grenzkontrollen ›Verstorbene‹«

Quelle: Ansgar Borbe: Die Zahl der Opfer des SED-Regimes, hrsg. von der Landeszentrale für politische Bildung Thüringen, Erfurt 2010, Tabelle 9, S. 34)

Entwicklungen im ehemaligen deutsch-deutschen Grenzgebiet und in Berlin seit Wiederherstellung der deutschen Einheit

Mit dem Fall der Mauer und der Öffnung der Grenze im November 1989[1] begann besonders für die Bewohner beiderseits der bisherigen innerdeutschen Grenze und für die Bürger der geteilten deutschen Hauptstadt eine neue Zeitrechnung. Die alten DDR-Grenzanlagen an der knapp 1400 Kilometer langen deutsch-deutschen Grenze und an der rund 160 Kilometer langen Grenze um West-Berlin wurden innerhalb von Tagen durchlässig gemacht und Dutzende neue Grenzübergänge geschaffen, Mauern und Grenzsperren verschwanden in den folgenden Monaten fast vollständig. Auf Druck der Grenzbevölkerung in Ost und West sahen sich die DDR-Organe genötigt, an fast allen alten Straßen und Wegen im Grenzgebiet, die seit 1945 unterbrochen worden waren, die Sperranlagen rasch zu beseitigen und einen grenzüberschreitenden Verkehr von Personen und Fahrzeugen zuzulassen, der zumeist nur noch oberflächlich kontrolliert wurde. Das Niederreißen der Grenzsperren und die oft spontanen Öffnungen von neuen Grenzdurchlässen wurden von euphorischen Freudenkundgebungen begleitet, die für immer im Gedächtnis der Menschen bleiben werden, die sie erlebt haben. Die Bilder der jubelnden Bürger an und auf der Mauer gingen um die Welt, ebenso die Feiern am Brandenburger Tor zum Jahreswechsel 1989/90. Die Aktivitäten der »Mauerspechte«, die aus der Berliner Grenzmauer Brocken herausschlugen, sind Teil der deutschen Alltagsgeschichte geworden, und noch heute werden diese Stücke mit »Echtheitsgarantie« vertrieben.

Die Feiern an der innerdeutschen Grenze und an der Mauer in Berlin in den Tagen nach dem 9. November 1989 sind vor allem im Bewusstsein der Grenzbevölkerung an der früheren Demarkationslinie haften geblieben, und an runden Jahrestagen wird bis in unsere Tage an die Grenzöffnung mit Freude erinnert.

Am 13. November 1989 hoben die Verantwortlichen die Grenzsperrzone auf, wodurch das gesamte Grenzgebiet damit für die DDR-Bevölkerung frei zugänglich war. Zugleich wurden die stromführenden Teile des Grenzsignal- und Sperrzaunes abgeschaltet. Die (neuen) Grenzbezirkskommandos der

Autokolonnen aus der DDR am Grenzübergang Bergen (Dumme), November 1989.

Per Rad in den Westen: Nach Grenzöffnung bei Schafwedel (Niedersachsen).

1 Hans-Hermann Hertle: Der Fall der Mauer. Die unbeabsichtigte Selbstauflösung des SED-Staates, Opladen 1996; ders.: Die Berliner Mauer – Monument des Kalten Krieges, Berlin 2007; ders.: Chronik des Mauerfalls. Die dramatischen Ereignisse um den 9. November 1989, 12. Aufl., Berlin 2011; Thomas Flemming/Hagen Koch: Die Berliner Mauer. Geschichte eines politischen Bauwerks, Berlin 2008; Sonderheft 50 Jahre Mauerbau, Deutschland Archiv, 44. Jg. (2011)

DDR-Grenztruppen befahlen auf Grund zentraler Anweisungen Anfang Dezember 1989 die »Demontage von ausgewählten Grenzsicherungsanlagen«, wozu unter anderem an der innerdeutschen Grenze die Kfz-Sperren (Seilsperren, Fahrspurplattenstapel, Höcker- und Flächensperren, automatische Sperrschlagbäume), die Signalteile an den Grenzsperr- und Signalzäunen, Stolperdraht und Netzsperren, Laufanlagen für Wachhunde und bestimmte, veraltete Beobachtungstürme (Typ BT-11) gehörten. Die Veränderungen nahmen DDR-Grenzsoldaten – so der Bundesgrenzschutz (BGS) – in »atemberaubender Schnelligkeit« vor. Zeitgleich kam es zu ersten Kontakten zwischen Angehörigen der Grenztruppen und Beamten des BGS. Bis zum Ende des Jahres 1989 waren insgesamt 139 neue Grenzübergänge bzw. Grenzdurchlässe in den DDR-Sperranlagen eingerichtet worden und für den grenzüberschreitenden Verkehr freigegeben; am 31. Dezember 1989 bestanden – mit den alten Übergängen – damit 159 Grenzübergänge, deren Zahl sich bis ins Frühjahr 1990 auf fast 200 erhöhte. Bereits im Januar 1990 reduzierten die DDR-Verantwortlichen die Sicherung der Grenze, und bis zum Frühjahr 1990 waren große Teile des alten Sperrsystems an der DDR-Grenze zur BRD eingeebnet, beseitigt, beschädigt, zerstört, eingesammelt, gestohlen oder verkauft worden. Die Schleifung der Grenzanlagen zur BRD überlebten nur wenige Grenzzäune, Grenzmauerteile und Beobachtungstürme. Mit einer Ausnahme: Der Kolonnenweg auf der gesamten Länge der innerdeutschen Grenze von ca. 1400 Kilometer blieb weitgehend erhalten. Nach 40 Jahren deutscher Teilung wollte die Mehrheit der Bevölkerung an der Grenze nichts mehr von Überbleibseln der Sperranlagen sehen. Diese waren lediglich bei »Souvenirjägern« begehrt, die es neben Mauerstückchen auf DDR-Embleme der Grenzsäulen und auf BGS-Grenzhinweisschilder abgesehen hatten.

In Berlin beschloss Ende Dezember 1989 die Übergangsregierung unter Hans Modrow (SED/PDS) in Abstimmung mit dem Ost-Berliner Magistrat, die Mauer abzureißen. Die Beseitigung besorgten vor allem Pioniere der Grenztruppen und der Nationalen Volksarmee (NVA). Mauer und andere Grenzsicherungsanlagen verschwanden auch hier sehr rasch, und bereits im November 1990 waren nahezu alle Elemente der innerstädtischen Mauer entfernt.[2] Einen vollständigen, authentischen Abschnitt der DDR-Grenzanlagen mit Mauer, Kolonnenweg, Kontrollstreifen, Sperren, Zäunen, Wachtürmen und Hinterlandsicherung sucht man seit 1990 vergebens. Der von der Stiftung Berliner Mauer an der Bernauer Straße in Teilen erhaltene Grenzabschnitt mit Mauer und Wachturm mit allerlei klugen museumspädagogischen Ergänzungen gibt immerhin einen Eindruck

Umgerissener Wachturm an der Grenze bei Hanum (Sachsen-Anhalt), 1990.

Mauerreste bei Zicherie im Frühjahr 1990.

2 Wolfgang Rathje: »Mauer – Marketing« unter Erich Honecker. Schwierigkeiten der DDR bei der technischen Modernisierung, der volkswirtschaftlichen Kalkulation und der politischen Akzeptanz der Berliner »Staatsgrenze« von 1971–1990. Diss. Phil., Universität Kiel, Kiel 2001; Gerhard Sälter: Der Abbau der Berliner Mauer und noch sichtbare Reste in der Berliner Innenstadt. Hrsg. vom Verein Berliner Mauer, Gedenkstätte und Dokumentationszentrum, Berlin 2004; Axel Klausmeier/Leo Schmidt: Mauerrelikte, in: Klaus Dietmar Henke: Die Mauer. Errichtung, Überwindung, Erinnerung, München 2011, S. 342–354

von dem, was einmal war. Der museale Charakter der Anlage überwiegt jedoch und kann die triste Brutalität der vergangenen Grenze nur in Ansätzen aufzeigen.

Die Berliner Gedenkstätte an der Bernauer Straße steht heute teilweise auf dem früheren innerstädtischen Mauer- und Grenzstreifen, der Berlin bis 1989/90 teilte. Um die dortigen Grundstücke entbrannte nach der Einheit ein heftiger, lang anhaltender Rechtsstreit, der höchste deutsche Gerichte und den Europäischen Gerichtshof beschäftigte. Der Bund vertrat die Ansicht, dass er mit der deutschen Vereinigung Eigentümer des Mauerstreifens geworden sei, der aus einer Schneise von etwa 50 Kilometern Länge durch Berlin bestand (bei einer Breite von etwa 60 Metern; Ausnahme: Potsdamer Platz mit mehreren hundert Metern) und der rund 1500 Grundstücke umfasste. Die DDR hatte 1961 die früheren Besitzer enteignet. Wie nicht anders zu erwarten, lehnten die Alteigentümer das Ansinnen des Bundes ab, sahen darin eine »zweite Enteignung« und gingen vor Gericht. Der Bundestag verabschiedete ein umstrittenes Mauergrundstücksgesetz, welches vorsah, dass Alteigentümer auf Antrag ihr Grundstück im Mauerstreifen dann zurückerhalten konnten, wenn sie 25 Prozent des aktuellen Verkehrswertes bezahlten. Alternativ erhielten sie einen Anspruch auf Auszahlung von 75 Prozent des Grundstückswertes. Auf Grund des Gesetzes konnten Rückerwerbsanträge gestellt werden, die rund 600 Alteigentümer auf den Weg brachten. Etwa ein Drittel der Antragsteller kaufte schließlich ihr Grundstück für 25 Prozent des Verkehrswertes zurück, die Hälfte der Antragsteller ging aber leer aus, weil ihr Antrag abgelehnt wurde. Die Mehrzahl dieser Mauergrundstücke fiel endgültig ohne Entschädigung der Antragsteller an den Bund. Dieser verkaufte die Grundstücke, wenn er sie nicht selbst für Infrastrukturmaßnahmen brauchte. In letzter Instanz lehnte der Europäische Gerichtshof, verkürzt formuliert, eine Klage und eine Beschwerde gegen diese Bestimmungen und Praktiken ab. Ein schaler Nachgeschmack ob dieser Entscheidungen blieb bestehen.[3]

Abzubauen waren 1989/90 an der Grenze zu West-Berlin 45 000 Segmente der Betonmauer (»Grenzmauer 75«) sowie eine Reihe von anderen Grenzsperranlagen. Dutzende von 1961 unterbrochenen Straßenverbindungen konnten zwischen West- und Ost-Berlin bald darauf wiederhergestellt werden, in der Folge auch Bahn-, Straßenbahn-, U- und S-Bahn-Strecken. Von der »Grenzmauer 75« sollten nach dem Willen der Modrow-Administration möglichst viele der 2,75 Tonnen schweren Segmente zu Gunsten des Staatshaushalts verkauft werden. So wurden beispielsweise im Juni 1990 in Monte Carlo 80 Mauersegmente versteigert. Überall auf der Welt finden sich seither Mauersegmente und erinnern an die deutsche Teilung und den Kalten Krieg. Im Sommer 1990 erzielten die Segmente – je nach Bemalung – Preise von 1000 bis 10 000 DM. Verkaufsgewinne gingen, nach Protesten der DDR-Bürger, auf Beschluss der im April 1990 neu gewählten Regierung unter Lothar de Maizière (CDU) dann nicht an den Staatshaushalt allgemein, sondern gezielt an das Gesundheitswesen und den Denkmalschutz.

Der größte Teil der Mauersegmente wurde aber mit Hilfe eines Schredders entsorgt, und der Schotter fand meistens im Straßenbau Verwendung; nach der deutschen Ein-

Mauerreste (Segmente der »Grenzmauer 75«) an der Bernauer Straße in Berlin, 2013.

3 Vgl. dazu: Wo mal die Mauer stand … folgte viel Streit und manche Veränderung. Länderreport, Deutschlandradio Kultur, Sendung: 13. 8. 2012. Autor: Wolf-Sören Treusch, Redaktion: Claus Stephan Rehfeld, Regie: Jadwiga Korte (Ms.)

heit übernahmen private Abrissfirmen diese Aufgabe. In diesen Betrieben arbeiteten von Anfang an viele ehemalige Angehörige der Grenztruppen, denen auf diese Weise befristet eine sinnvolle Beschäftigung geboten werden konnte – was aber nicht alle Exsoldaten aus verständlichen Gründen so empfanden. In Berlin und seinem Umland war diese Arbeit wenigstens nicht besonders gefährlich, ganz im Gegensatz zu einer Aufgabe, die im Auftrage des Bundes ehemalige Grenzer bis September 1991 übernahmen: die Minennachsuche an der früheren innerdeutschen Grenze (im Raum Berlin wurden nie Minen verlegt). Danach kamen Beschäftigte der Privatfirma AVA GmbH (Mittenwalde) und ab 1993 Bedienstete der privaten Gesellschaft zur Rekultivierung und Verwertung von Grundstücken/GRV mbH (Königs Wusterhausen) bis 1995 zum Einsatz, die auch den Rückbau der Grenzanlagen besorgten.

Nach Angaben der Bundesregierung (Bundestags-Drucksache 13/1023 vom 30. 3. 1995) verlegte die DDR im Zeitraum zwischen 1961 und 1985 an der deutsch-deutschen Grenze 1 322 700 Millionen Bodenminen, die von 1983 bis 1985 von Pionieren der Grenztruppen und NVA geräumt wurden (zwischen 1971 und 1984 waren ferner bis zu 71 000 SM-70-Selbstschussgeräte am letzten DDR-Grenzzaun installiert). Bei Überprüfung der Minenprotokolle der DDR-Grenztruppen nach der Einheit ergab sich eine Differenz von 33 864 Bodenminen, deren Räumung/Vernichtung den Papieren nicht zu entnehmen war. Im Rahmen der Nachsuche wurden bis zum 25. Februar 1995 nur 943 Minen gefunden (zu einem späteren Zeitpunkt waren es dann mehr als 1100). Bei 17 992 als verlegt registrierten Minen handelte es sich um sogenannte Holzkastenminen (PMD-6), von denen keine Gefährdung mehr ausgehen konnte, da sie inzwischen weitgehend verrottet waren, weshalb nach diesen Minen auch nicht weiter gesucht wurde. Bei den restlichen 14 979 Minen ging die Bundesregierung in ihrer Antwort auf eine entsprechende »Kleine Anfrage« der Fraktion von Bündnis 90/Die Grünen davon aus, dass ein Großteil wegen Auslösung durch Witterungseinflüsse oder Wildbewegungen oder wegen mangelhafter Dokumentation beim Verlegen und Räumen durch die Grenztruppen »tatsächlich nicht mehr vorhanden ist«. Deshalb nahm das Verteidigungsministerium an, dass die Minennachsuche bis zum 31. Dezember 1995 abgeschlossen sein würde.[4]

Selbstschussanlagen (SM-70) in drei Linien am DDR-Grenzzaun I in Richtung Ost/DDR.

Bis in die Gegenwart fanden sich allerdings immer wieder einmal einzelne Minen, etwa durch Pilzsammler in Thüringen. Das Umweltministerium des Freistaates sieht noch heute ein Restrisiko auf einer Gesamtlänge von 25 Kilometern entlang der früheren Grenze. Die »Minenräumer«, die in der ersten Hälfte der 1990er Jahre eine gefährliche Arbeit im ehemaligen Grenzgebiet leisteten, die gar nicht hoch genug bewertet werden kann, hatten in dieser Zeit immer wieder Probleme mit Wanderern, Tagesbesuchern sowie Umweltschützern. Gelegentlich bewegten sich damals im Exgrenzgebiet sogar ganze Schulklassen fahrlässig in Landstrichen, die als »minengefährdet« galten. Auch noch zehn Jahre später, im Juli 2001, warnte der *Spiegel* vor den Gefahren: »So spazieren heute jedes Wochenende Hunderte natur- und geschichtsbegeisterter Deutscher ganz unbekümmert im einstigen Todesstreifen herum, ohne zu wissen, dass jeder Schritt abseits des

4 Bundestag GRV Minennachsuche.txt. Deutscher Bundestag: Drucksache 13/1023 vom 30. 3. 1995, S. 1

Grenztruppen-Kolonnenweg, der sich über die gesamte Länge der innerdeutschen Grenze erstreckte und heute oft das einzige bauliche Überbleibsel des DDR-Grenzregimes ist.

befestigten Kolonnenweges ihr letzter sein kann.«[5] Aus heutiger Sicht erscheinen diese Berichte übertrieben dramatisch, wohl auch deshalb, weil nach der Einheit nie ein Minenopfer zu beklagen war.

Natur- und Umweltschützer ließen sich von den Gefahren nie beeindrucken. Aktivisten aus Ost und West fanden sich schon 1989/90 zusammen, um im ehemaligen Grenzgebiet am Kolonnenweg der DDR-Grenztruppen einen Grüngürtel zu schaffen, der 50 bis 200 Meter breit sein sollte. Dieser Grenzstreifen befand sich nach der deutschen Einheit im Besitz des Bundes, der allerdings bald den Verkauf plante und den Erlös den neuen Bundesländern zukommen lassen wollte. Die Thüringer Landesregierung schlug vor, dass der Bund den Ländern die Flächen überlassen sollte, damit diese sie als Schutzgebiete ausweisen konnten. Andere Länder widersprachen, der Streit zog sich jahrelang hin. Unabhängig davon erwarb der Bund für Umwelt und Naturschutz Deutschland (BUND) Flächen aus Privatbesitz. Das Projekt, um das es immer wieder einmal Streit gab, läuft bis heute unter der Bezeichnung »Grünes Band« und verfolgt das Ziel, den rund 1400 Kilometer langen ehemaligen Grenzstreifen zwischen den beiden deutschen Staaten als Refugium bedrohter Tier- und Pflanzenarten unter besonderen Schutz zu stellen und damit diesen Landschaftsteil den Bodenspekulanten zu entziehen. Die frühere menschenfeindliche innerdeutsche Grenze hinterließ Gebiete, in denen besonders viele seltene Vogelarten und Pflanzen überlebten. Nach Aussagen der BUND-Verantwortlichen waren dort nach »jahrzehntelanger Atempause der Natur« einzigartige Rückzugsräume für bedrohte Tier- und Pflanzenarten entstanden, es hatte sich ein »Stück Wildnis mit großartigen Altgrasfluren, Busch- und Waldparadiesen, Sümpfen und blühenden Heiden – ein buntes Mosaik vielfältiger Lebensräume«[6] entwickelt, den es zu schützen galt. Die Initiatoren versuchten, die bisher nahezu unberührte Natur thematisch mit der jüngsten deutschen Zeitgeschichte zu verbinden und eine neue Art von »Landschaftskunst« hervorzubringen. Unter dem Werbeslogan »Vom Todesstreifen zur Lebenslinie« plante man, aus dem Grenzgebiet einen Biotopverbund *und* ein Mahnmal zu machen.[7] Diese BUND-Aktivitäten, die von viel Idealismus begleitet waren, fanden Unterstützung bei Umweltministern in Bund und Ländern. Bundesumweltministerium und Bundesamt für Naturschutz gewährten bei der Erfassung der Flächen und der dort lebenden Tiere finanzielle Hilfen, der BUND organisierte Spendensammlungen. Heute ist das »Grüne Band« von der Bevölkerung und Politik weitgehend akzeptiert, auch wenn von Zeit zu Zeit Bauernverbände und Waldbesitzer eine unbeschränkte Bewirtschaftung des Bodens und des Waldes fordern und Landwirte immer wieder vom BUND aufgefordert werden müssen, die Biotopflächen nicht weiter umzuackern oder zu mähen. Nach wie vor besteht die Gefahr, dass sich Geldinteressen gegen den Natur- und Umweltschutz durchsetzen, eine Tendenz, die in unserer Gesellschaft immer wieder zu beobachten ist.

Kritiker des BUND monieren, dass der Denkmalcharakter des Grenzstreifens zu kurz kommt: Beklagt wird etwa, dass durch das Ausweisen von Landschafts- und Naturschutzgebieten die »historische Dimension

5 Touristen im Todesstreifen, in: Der Spiegel, Nr. 31/2001, 30.7.2001, S. 36

6 www.bund.net. Vom Eisernen Vorhang zur Lebenslinie

7 Vgl. dazu die Reihe Vom Todesstreifen zur Lebenslinie – Natur und Kultur am Grünen Band, 7 Bände. Hrsg.: BUND Landesverbände Thüringen und Sachsen sowie Bund Naturschutz in Bayern. Co-Hrsg.: Stiftung Naturschutz Thüringen, Sächsische Landesstiftung Natur und Umwelt, Bayerischer Naturschutzfonds. Text und Karten: Dr. Reiner Cornelius, Niederaula 2009 – 2012

des Ortes« öfter ausgeblendet wird, weil das Wort »Grenze« gar nicht mehr vorkommt. Die Oldenburger Kunsthistorikerin Maren Ullrich bemerkte im Jahre 2006 in ihrer Dissertation dazu: »Da das *Grüne Band* den zu schützenden Raum auf das Gebiet zwischen Kolonnenweg und Demarkationslinie beschränkt, lenkt es den Blick primär auf die Leere, die nach dem Rückbau der Grenzanlagen und der Minenräumung auf ostdeutschem Gebiet geblieben ist. Außen vor bleiben die materiellen Überreste, [...] die es im ehemaligen Schutzstreifen und im Sperrgebiet der DDR zu entdecken gäbe. Speziell sie würden über die Grenze als Bauwerk hinausweisen und den Blick auf einen Handlungsraum öffnen, der primär durch menschliches Zutun Gestalt annahm [...] Der Naturschutz-Gedanke suggeriert, dass die Natur, die die Einheit schon damals nicht trennen konnte, heute dafür bürgt, dass Wiedervereinigung möglich sei bzw. stattgefunden habe. [...] Scheinbar ohne menschliches Zutun habe die Natur einen ›Wundheilungsprozess‹ in Gang gesetzt, in dessen Verlauf keine Narbe, sondern eine paradiesische Naturlandschaft entstanden sei [...] Der Panoramablick auf die weite Landschaft symbolisiert die aufbauende Kraft der Natur und soll die Sorge um mögliche Schwierigkeiten im Prozess der Wiedervereinigung beschwichtigen.«[8]

Mit an Sicherheit grenzender Wahrscheinlichkeit war und ist das vom BUND nicht beabsichtigt. In den nachdenklich-kritischen Sätzen der Kunsthistorikerin steckt aber ein wahrer Kern: Das »Grüne Band« stellt in BUND-Publikationen die ehemaligen Grenzbauten eher am Rande vor und vermittelt eine scheinbar heile Welt im ehemaligen deutsch-deutschen Grenzland, die nach Ansicht von Beobachtern so nicht existiert. Es gibt Meinungen, wonach nach wie vor von einer »sozialen Spaltung« zwischen West und Ost ausgegangen werden müsse, weil eine verfehlte Wirtschafts- und Finanzpolitik nach der Wiedervereinigung nicht die erhoffte und versprochene soziale Angleichung brachte. Auch ist heute gelegentlich von »neuen Grenzen« in den Köpfen der Menschen auf beiden Seiten der früheren Trennungslinie die Rede. Wie dem auch sei: Die anfängliche Euphorie ist inzwischen von einem nüchternen Nebeneinander abgelöst worden, manchmal ist sogar eine gewisse Entfremdung festzustellen, die 1989/90 und kurz danach undenkbar war. Bei Lichte besehen muss man zur Kenntnis nehmen, dass Interessengegensätze und systembedingte, stark ungleiche Lebensläufe der Menschen beiderseits der Grenzlinie nach der Einheitseuphorie sichtbar und spürbar wurden. Bürger aus den neuen Bundesländern fühlten und fühlen sich von den Westdeutschen oft unverstanden, Ostbürger kamen und kommen sich vielfach wie die »armen Verwandten« vor und von Einwohnern der alten BRD ausgenutzt und übervorteilt. Geschäftemacher und Spekulanten aus dem Westen vergifteten oft die Beziehungen, und manche Westdeutsche verhielten sich im Osten wie Eroberer. Als besonders unangenehm empfanden die Bürger im östlichen Grenzland die Zeit bis zum Inkrafttreten der Währungs-, Wirtschafts- und Sozialunion, also die Zeit vor dem 1. Juli 1990. Mit Aufhebung der DDR-Grenzsperrzone am 13. November 1989 und mit dem Wegfall der Visumspflicht und des Mindestumtauschs für Westdeutsche/West-Berliner kurz vor Weihnachten 1989 bzw. ab Januar 1990 wurden die Gemein-

Ausgabe von Begrüßungsgeld an DDR-Bürger am 11. November 1989 in Berlin (West).

8 Maren Ullrich: Geteilte Ansichten. Erinnerungslandschaft deutsch-deutsche Grenze, Berlin 2006, S. 205 ff.

den und Städte an der DDR-Grenze bis zur Einführung der DM im Osten für extensive Konsum-Ausflüge genutzt. Auf Grund der Kaufkraft der West-Mark gegenüber der Ost-Mark (offizieller Wechselkurs 1:3; Schwarzmarktkurs 1:10 und schlechter) und der DDR-Subventionierung vieler Waren konnten Westbürger in grenznahen DDR-Orten äußerst günstig Brot, Brötchen, Teigwaren, Zucker, Mehl, Karpfen, Forellen und andere Nahrungsmittel kaufen, auch ließ sich an Ost-Tankstellen preiswert tanken.

Die Historikerin Astrid M. Eckert: »Der Währungsdualismus wirkte sich nachhaltig auf die Beziehungen zwischen Ost- und Westdeutschen in der Wendezeit aus und schlug bei aller Euphorie über die Grenzöffnung auch tiefe Wunden. Vor allem das Auftreten etlicher Westdeutscher blieb den östlichen Grenzland-Bewohnern in unguter Erinnerung. Zu den Schnäppchenjägern gesellten sich Immobilienspekulanten [...].«[9]

Auf der Westseite der Grenze stöhnten die Menschen und Behörden dagegen über den Andrang der Ostdeutschen auf den Straßen, in den Kaufhäusern und Gaststätten. DDR-Bürger wurden verdächtigt, ihr »Begrüßungsgeld« gleich mehrfach abzuholen: Einmal mit dem Personalausweis, beim zweiten Mal mit ihrem Pass, die Zahl der Ladendiebstähle nahm angeblich zu. Wenn man nachforschte, erwies sich das als abwegig, zumindest als stark übertrieben.

Einzelfälle mag es gegeben haben, die überwiegende Mehrheit der Ostdeutschen verhielt sich korrekt und zeigte Dankbarkeit gegenüber Westlern, die ihnen unvoreingenommen und freundlich begegneten. Echte Solidarität war in den ersten Wochen und Monaten nach der Grenzöffnung die Regel, nicht die Ausnahme, auch seitens der West-Behörden, also der Gemeinden, Städte und Landkreise im Grenzland. Angehörige des öffentlichen Dienstes aus dem Westen halfen in den folgenden Monaten und Jahren beim »Aufbau Ost« auf Landes- wie auf Kreisebene und in Stadtverwaltungen, auch im ehemaligen DDR-Grenzgebiet. Besonders intensiv entwickelte sich die Zusammenarbeit nach 1989/90 in Regionen, die während der deutschen Teilung ein gemeinsamer Glaube verband, der ab 1973 im »Kleinen Grenzverkehr« durch Westbesuche noch gefestigt werden konnte, wie im katholisch geprägten Eichsfeld. Hier gab es gleich nach der Wende Absprachen und Vereinbarungen zwischen allen Bürgermeistern der Eichsfeld-Städte auf der West- und der Ostseite der Grenze. Auch konnten die seit Jahren bestehenden Städtepartnerschaften im grenznahen Raum, etwa zwischen Lübeck und Wismar, Uelzen und Salzwedel, Braunschweig und Magdeburg, Saalfeld und Kulmbach oder Plauen und Hof, intensiviert werden, und die Beziehungen gestalteten sich jetzt unabhängig von Auflagen der früher herrschenden Einheitssozialisten.

Im Laufe der folgenden Jahre verringerte oder verflüchtigte sich allerdings die zunächst vorhandene Offenheit und Solidarität gegenüber dem Osten; Ausnahmen bestätigen nur die Regel. Der Thüringer Schriftsteller und Journalist Landolf Scherzer hat das in seinen »Wanderungen« entlang der ehemaligen deutsch-deutschen Grenze vor knapp zehn Jahren bestätigt und 2005 in seinem Buch »Der Grenz-Gänger« festgehalten. Im früheren schmalen Grenzstreifen, den er ablief, ballte sich nach seiner Auffassung damals »sozialer Sprengstoff« zusammen. Man muss nicht alle seine Ansichten teilen, aber phantasiert hat er nicht. Der Mann befragte seinerzeit Dutzende von Einwohnern beiderseits der früheren Grenzlinie, die in der unmittelbaren Nachbarschaft der südthüringischen Stadt Sonneberg liegt – so unter anderem einen Schuldirektor aus dem bayerischen bzw. fränkischen Neustadt bei Coburg –, nach Konflikten zwischen Ost und West. Der Direktor: »Je mehr Alltag, je näher Ost und West zueinander sind, und wenn man Tag für Tag die Probleme auf dem Hals hat: Arbeitslosigkeit hier so groß wie in Sonneberg,

9 Astrid M. Eckert: Der andere Mauerfall. Die Öffnung der innerdeutschen Grenze 1989, in: Deutschland Archiv Online, 26.4.2013, Link: http://www.bpb.de/158899

Betriebe, die hier dichtmachen und nach drüben gehen, die einen bekommen Fördermittel, die anderen nicht … Je näher Ost und West territorial zusammen liegen, um so weiter sind Einheit und Harmonie entfernt.«[10]

Im Wesentlichen lag das, was die ökonomische Seite betraf, an den unterschiedlichen Förderungspräferenzen für Betriebsansiedlungen in den Exgrenzgebieten auf der West- und auf der Ostseite, die zu langfristigen Vergünstigungen auf der Ostseite führten, während auf der Westseite die bisherige »Zonenrandförderung« ab 1991 bis 1994 völlig zurückgefahren wurde, wobei die wichtigsten Vergünstigungen schon 1991 wegfielen, als die »Zonenrandregionen« ihren Status als Sonderfördergebiet verloren. Die letzten Privilegien wurden dann Ende 1994 abgeschafft. Die wirtschaftsschwachen Arbeitsmarktregionen des ehemaligen Zonenrands erhielten immerhin weiter strukturpolitische Unterstützung in Form der Eingliederung in die sogenannte Förderkulisse der Gemeinschaftsaufgabe »Verbesserung der regionalen Wirtschaftsstruktur«, die man 1995 neu justierte und dabei die Fördergebiete in nur noch zwei räumliche Problemkategorien einteilte: In der Folge erhielt das gesamte Gebiet der neuen Bundesländer einschließlich Ost-Berlins den vorteilhaften Status eines A-Fördergebiets, während bestimmte wirtschaftsschwache Regionen der alten Bundesländer (nur) zu B-Fördergebieten erklärt wurden. Schon ein Jahr darauf reduzierte man die Förderhöchstsätze im alten Bundesgebiet, nicht aber die in den neuen Bundesländern.

Kommunen auf der Westseite der Ex-Grenze waren bei der Ansiedlung neuer Industrie- und Gewerbebetriebe erkennbar benachteiligt, da z. B. die Förderung von Investitionen im Westen bei 20 Prozent lag, während etwa in Thüringen Investitionen der gewerblichen Wirtschaft mit Zuschüssen von 35 Prozent (und mehr) rechnen konnten. Dass West-Unternehmen in den Osten oder ganz aus der Region abwanderten, war bei derartigen Unterschieden nachvollziehbar. Obwohl von diesen groben Abstufungen in der Folgezeit abgegangen wurde, hat sich grundsätzlich an einem Förderungsgefälle zwischen den neuen und den alten Bundesländern nichts geändert. Die Politik sah sich allerdings veranlasst, eine Entschärfung dort vorzunehmen, wo sich besonders häufig Ärger einstellte: Seit 1997 wird mit einer sogenannten Grenzlandklausel versucht, kleinräumige Betriebsverlagerungen entlang der ehemaligen innerdeutschen Grenze zu verhindern. Diese Klausel besagt, dass bei Investitionen von Betrieben aus Grenzkreisen in den alten Ländern in Grenzkreise der neuen Länder diese nur noch im Einvernehmen zwischen den betroffenen Bundesländern gewährt bzw. gefördert werden können.[11]

Anfangs wurde das Fördergefälle vom Westen mehr oder weniger toleriert oder wenigstens hingenommen, doch mit den Jahren verursachte es Klagen, Neid und Ärger. Wenn man sich manche Städte und Gemeinden auf der Westseite in der Nähe der früheren Demarkationslinie ansieht, kann man das verstehen. Gaststätten, Geschäfte, Pensionen und Hotels stehen oft leer oder kämpfen ums Überleben, Häuser sind unbewohnt und verfallen, Touristen bleiben aus, Menschen, die vor 1989 die Einsamkeit und Abgelegenheit des Zonenrandgebietes schätzten, kommen nicht mehr, Bürger verlassen die Region wegen fehlender Arbeitsplätze, und der überall festzustellende demografische Wandel im ländlichen Raum macht sich an der schon immer dünn besiedelten ehemaligen Grenzlinie stark bemerkbar. Die Finanzkraft reicht vielfach nicht mehr aus, um alle Kommunalaufgaben zu erfüllen. Nach Aussagen von Bürgermeistern seien zahlreiche Arbeitsplätze seit der Wiedervereinigung auf der Westseite verloren gegangen, zusätzlich würden ostdeutsche »Einpendler« den einheimischen Arbeitsmarkt belasten. Manche West-Kommunalpolitiker erwarteten durch

10 Landolf Scherzer: Der Grenz-Gänger, Berlin 2005, S. 139

11 Niedersächsisches Institut für Wirtschaftsforschung/ Institut für Regionalforschung: Struktur- und Entwicklungsprobleme von niedersächsischen Städten im ehemaligen Zonenrandgebiet: Duderstadt, Helmstedt und Uelzen. Gutachten im Auftrag der Norddeutschen Landesbank, der Kreissparkasse Uelzen und der Sparkasse Duderstadt über die Wirtschaftsregionen Duderstadt, Helmstedt und Uelzen, Hannover und Göttingen im Februar 2002, Bearbeiter: Hans-Ulrich Jung/Markus Krüsemann, S. XIX ff.; Hanns Seidel Stiftung/Gangwon Ilbo Serie – 4. Teil: Von der Zonenrandförderung zur Standortkonkurrenz von Ost und West – wirtschaftliche Lage im Grenzgebiet vor und nach der Wende, September 2007, S. 1–4

Neue Ostseeautobahn (A 20) über die Wakenitz.

die Verbesserung der Verkehrsanbindung ihrer Gemeinden, Städte und Landkreise eine spürbare wirtschaftliche Erholung. Und bekanntlich ist in die Infrastruktur seit 1991/92 verstärkt investiert worden. In der Vergangenheit wurde durch das Verkehrsprojekt Deutsche Einheit (Fernstraßen) in der Tat viel geleistet, etwa durch den Bau neuer Autobahnstrecken zwischen Schleswig-Holstein und Mecklenburg-Vorpommern (BAB 20), zwischen Südniedersachsen und Thüringen (BAB 38) und zwischen den Bundesländern Bayern und Thüringen (BAB 71) sowie durch die Verbreiterung bestehender Fernstraßen. Das alles hat dem ehemaligen deutsch-deutschen Grenzgebiet Vorteile gebracht und führte dazu, dass sich Gewerbe an den Auf- und Abfahrten der Autobahnen oder in ihrer Nähe niederließen.

Auf der anderen Seite: Auch Ost-Kommunen an der früheren innerdeutschen Grenze leiden, da junge Leute die Region dauerhaft verlassen und vor allem Kaufkraft, Einkommen sowie Renten der Einwohner längst nicht das Niveau des Westens erreichen und in den nächsten Jahren auch nicht erreichen werden. Generell ist die Arbeitslosigkeit immer noch höher als im Westen, im unmittelbaren östlichen Exgrenzgebiet aber geringer, weil viele Bürger im Westen eine Arbeitsstelle gefunden haben.

Auch andere Probleme sind aufgetaucht: In den südlichen Landkreisen des Freistaates Thüringen gibt es derzeit Unruhe und Unzufriedenheit, weil alsbald Kreisfusionen bevorzustehen scheinen. Einige Kommunalpolitiker erklärten, dass sie sich im Falle der Einführung des vorgeschlagenen »Großkreises Südthüringen« um eine Aufnahme in Bayern bemühen wollten. In der Vergangenheit hatten auf der anderen Seite einzelne bayerische bzw. fränkische Gemeinden ihrerseits der bayerischen Staatsregierung mit einem Übertritt ins Nachbarland Thüringen oder Sachsen gedroht, um bessere Förderung zu erhalten. Von der Ernsthaftigkeit derartiger Äußerungen muss man nicht überzeugt sein, aber sie signalisieren die Stimmung in der ehemaligen Grenzregion.

Bislang gab es nur einen einzigen derartigen Fall seit der Wiederherstellung der deutschen Einheit: 1993 wechselte das Amt Neuhaus an der Elbe (Fläche: 237 km^2) nach Abschluss eines Staatsvertrages zwischen Mecklenburg-Vorpommern und Niedersachsen die Seiten, und rund 5000 Einwohner der Gemeinde Amt Neuhaus des mecklenburgischen Landkreises Hagenow traten zum niedersächsischen Landkreis Lüneburg über. Bis 1945 hatte allerdings fast die gesamte Gemeinde zur preußischen Provinz Hannover – sie ging nach 1945 im neuen Land Niedersachsen auf – gehört und wurde von den britischen Besatzungsbehörden nach Kriegsende nur aus Bequemlichkeitsgründen an die Sowjetzone abgetreten, da sie auf der Ostseite des Flusses lag und keine Brücke über die Elbe mehr existierte, sodass die Versorgung nicht sichergestellt werden konnte. Diese recht willkürliche Maßnahme wurde dann nach der Einheit rückgängig gemacht.[12]

Nach 1990 konnten auch diejenigen Einwohner des Ost-Grenzgebietes in ihre angestammte Heimat zurückkehren, die aus politischen Gründen von den DDR-Behörden ins Innere des Staates zwangsumgesiedelt worden waren. Das geschah 1952 (Aktion »Ungeziefer«) und 1961 (Aktion »Festigung«) in zwei großen Wellen, die rund 12 000 Personen betrafen. Die Zwangsaussiedlungen ver-

12 www.wikipedia.de. Amt Neuhaus

liefen unter menschenunwürdigen Umständen, geringfügige Entschädigungszahlungen für vorgenommene Enteignungen von Grund und Boden kamen auf Sperrkonten, von denen jährlich nur geringe Summen abgehoben werden konnten. Lediglich in Einzelfällen gelang es Personen nach Eingaben an höhere Partei- und Staatsorgane, vor 1989/90 in ihre Heimat zurückzukehren. Der Mehrheit der Ausgesiedelten war es erst nach der Friedlichen Revolution möglich, die Rückkehr einzuleiten, was jedoch – sofern die Betreffenden ihren Besitz zurückerhalten wollten – mit erheblichen Schwierigkeiten verbunden war. Diese Bürger mussten mehrere Jahre für ihre Rechte kämpfen, unterstützt vom Bund der Zwangsumgesiedelten, ehe der Staat ihnen im Rahmen des Zweiten SED-Unrechtsbereinigungsgesetzes von 1994 die Möglichkeit bot, rehabilitiert zu werden und den enteigneten Besitz zurückzuerlangen oder eine Entschädigung zu erhalten. Viele zeigten sich enttäuscht und verbittert, weil das Verfahren so lange dauerte und mit zusätzlichen Belastungen verbunden war. Der Historiker Rainer Potratz: »Einen vollwertigen Ersatz für den verlorenen Besitz erhielten sie in keinem Fall. Entweder waren die Gebäude heruntergewirtschaftet, oder aber in der Zwischenzeit hatten andere Bewohner die Häuser erworben, und den Zwangsausgesiedelten war es nicht möglich, diesen ›unredlichen Besitz‹ vor Gericht nachzuweisen, dann aber schützte der gesamtdeutsche Staat die ›redlichen Erwerber‹.«[13]

Mit der Aufhebung des DDR-Grenzsperrgebietes Mitte November 1989 war es ferner erstmals möglich, dass Bürger die ab 1952 verfügten Zerstörungen von Häusern, Dörfern und Ortsteilen, die direkt an der Grenzlinie vorgenommen worden waren, um freies Sicht- und Schussfeld zu haben, besichtigen konnten. Ehemaligen Bewohnern dieser »geschleiften« Orte entlang der innerdeutschen Grenze – unter anderem in den Kreisen Grevesmühlen, Gadebusch, Salzwedel, Hildburghausen und Sonneberg sowie in der Rhön und im Eichsfeld – war es nun gestattet, an diese Vorgänge zu erinnern, zum Beispiel durch Kundgebungen, durch Aufstellen von Kreuzen, Gedenktafeln und die Errichtung von Denkmalen.

Transformatorenturm des »geschleiften« Ortes Bardowiek in der Nähe von Lübeck, die einzige bauliche Erinnerung an die ehemalige Ansiedlung.

Einige ehemalige Grenzgemeinden und ihre Bewohner, darunter solche, die bis 1989/90 beruflich an der innerdeutschen Grenze zu tun hatten (Angehörige der DDR-Grenztruppen, Beamte des BGS, des Zolls und der Polizei), kamen in der ersten Hälfte der 1990er Jahre auf die gute Idee, »einen Teil der Grenzanlagen quasi als Freilichtmuseum zur Geschichte der deutschen Teilung zu erhalten«. Heute ist die ehemalige innerdeutsche Grenze weitgehend »musealisiert«, und eine Reihe von großen und kleinen Grenzmuseen in öffentlicher und privater Trägerschaft säumt die Exgrenzlinie, Dutzende von Gedenkstätten, Gedenksteinen, christlichen Kreuzen und Info-Tafeln weisen auf die überwundene Teilung, auf Grenzopfer und andere besondere Ereignisse der Teilung hin.

Eine Abgeordnete des Deutschen Bundestages, die im Sommer 2011 mit ihren Kollegen den ehemaligen innerdeutschen Grenzstreifen bereiste, bedauerte indes, dass nur noch wenige Spuren der deutschen Teilung zu sehen seien und authentische Mahnmale der Geschichte fehlen würden.[14] Die Kunst-

13 Rainer Potratz: Die Zwangsaussiedlungen aus dem Grenzgebiet der DDR, in: Grenzlandmuseum Eichsfeld (Hrsg.): Grenze – mitten durch Deutschland, Begleitband zur ständigen Ausstellung im Grenzlandmuseum Eichsfeld. Band 2 der Schriftenreihe der Bildungsstätte und des Grenzlandmuseums Eichsfeld, 1. Aufl., Heiligenstadt 2002, S. 97 ff. (S. 102)

14 www.bundestag.de/bundestag/ausschuesse17/a20/themen/35510479_kw33_gruenes_band/index.jsp (Stand: 31.08.2011)

historikerin Maren Ullrich verweist jedoch auf die Probleme einer »Musealisierung von Grenzrelikten«: »Die populäre Vorstellung, dass es ein ›Authentisches‹ in diesem Sinne gäbe, sakralisiert Museumsstücke sowie bauliche Hinterlassenschaften, unterstellt ihnen eine Bedeutung, die de facto erst durch die Inszenierung und deren Rezeption durch den Betrachter entsteht. Dabei deutet ein Ostdeutscher die Überreste anders als ein Westdeutscher, ein ehemaliger Republikflüchtling anders als ein westdeutscher Zollbeamter.«[15]

Gleiches wird eben nicht gleich empfunden und bewertet. Schon der Zugang zu derartigen Einrichtungen erfolgt auf Grund unterschiedlicher Interessen, und Besuche enden oft mit völlig verschiedenen Eindrücken und Urteilen. Wenn man sich die Eintragungen in den Gästebüchern der Grenzmuseen anschaut, muss man das mehr oder weniger erstaunt feststellen. Die Erinnerungslandschaft an der früheren deutsch-deutschen Grenze wird von West- und Ostdeutschen, Rheinländern und Thüringern, jungen und alten Menschen, Zeitzeugen und Historikern unterschiedlich wahrgenommen. Und die Absichten der »Museumsmacher« wurden und werden von den Bürgern nicht immer akzeptiert oder verstanden. So stoßen symbolische, künstlerische Darstellungen der Grenze und ihrer Befestigungen mehrheitlich auf Ablehnung oder Unverständnis. Die »herrschende Meinung« bevorzugt eine klare »Thematisierung des Kalten Krieges über die Darstellung der Grenzgeschichte« und macht sich in erster Linie an baulichen, technischen und militärischen Überbleibseln der Grenze und ihrer Sicherung fest, wie Maren Ullrich feststellen konnte. Gewünscht wird eine allein an der damaligen Realität orientierte Darstellung, ohne zusätzlichen »Schnickschnack« und ohne mehr oder weniger kluge »pädagogische« Beigaben, aber ergänzt durch nachhaltige Bildungs- und Informationsangebote. Erwartet wird mehrheitlich eine Vermittlung der Erinnerung in klarer Einfachheit. Und der Journalist und Historiker Frank Möller forderte schon vor Jahren völlig zu Recht, dass Grenzmuseen weder West- noch Ostmuseen sein sollten, sondern gesamtdeutsche Einrichtungen.[16]

Zielgruppen sind heute in erster Linie Schüler, Lehrer aller Stufen, Erwachsenenbildner, Studenten, Journalisten, Angehörige der Streitkräfte und der Polizei, Zeithistoriker, Beamte von Landes- und Bundesbehörden und Abgeordnete der Kommunal- und Landesparlamente sowie des Bundestages. Orte, Städte, Kreise und Länder, in denen Grenzmuseen beheimatet sind, bemühen sich in unterschiedlicher Intensität, die Einrichtungen zu fördern. Angesichts der Tatsache, dass man so viele Attraktionen in der ehemaligen Grenzregion nicht hat, ist dies geradezu eine Bringschuld. Wenn für den »Grenztourismus« weitere Einrichtungen, Verbände und Vereine aktiviert werden können, umso besser. Hilfreich sind ferner lokale und regionale Veröffentlichungen, die versuchen, Wanderern auf ausgewiesenen Grenzwegen des ehemaligen Kolonnenwegs die Erlebnisse und Schicksale der früheren Grenzbevölkerung nahezubringen.[17]

Bei der Mehrzahl der mittleren und kleinen Grenzmuseen sind zwar Engagement und Sachverstand vorhanden, aber es fehlt oft an finanzieller Unterstützung. Privatpersonen oder Vereine als Träger sind z. B. nicht in der Lage, tägliche Öffnungszeiten zu garantieren, weil dafür schlicht die Leute fehlen – mit der Folge, dass Besucher oft vor verschlossenen Türen stehen. Auf ehrenamtlicher Basis ist es nur bei Selbstausbeutung möglich, auf Zeit ein Grenzmuseum zu unterhalten. Es wird diesen Einrichtungen langfristig nichts anderes übrig bleiben, als mit kommunalen Stadt- und Heimatmuseen zu fusionieren, etwa durch die Etablierung von »Grenzabteilungen« in diesen Einrichtungen, wie zum Teil bereits geschehen. Überleben werden sonst nur die größeren Grenzmuseen, denen Zuschüsse und eine institutionelle Förderung

15 Maren Ullrich: Geteilte Ansichten. Erinnerungslandschaft deutsch-deutsche Grenze, Berlin 2006, S. 166

16 Frank Möller: Geschichte und Gedächtnis. Zur Sicherung und Bewahrung der Erinnerungskultur entlang der ehemaligen innerdeutschen Grenze, in: Heimat THÜRINGEN, hrsg. vom Heimatbund Thüringen (Weimar), 16 (2009) 4, S. 3–23

17 Paul-Josef Raue (Hrsg.): Thüringer Grenz-Wege. Schicksale und Geschichten auf dem Kolonnenweg. Thüringen Bibliothek, Band 4, Essen 2011

dauerhaft zur Verfügung stehen und die durch öffentliche und/oder private Stiftungen unterstützt werden.

Dazu gehören an der früheren innerdeutschen Grenze die folgenden Häuser (von Nord nach Süd):

- Gedenkstätte Deutsche Teilung in Marienborn,
- Grenzlandmuseum Eichsfeld in Teistungen,
- Gedenkstätte – Grenzmuseum Schifflersgrund in Asbach-Sickenberg,
- Gedenkstätte Point Alpha in Geisa und das
- Deutsch-Deutsche Museum in Mödlareuth.
- In Berlin zählen dazu die Gedenkstätte Berliner Mauer in der Bernauer Straße und das privat betriebene Mauermuseum am Checkpoint Charlie in der Friedrichstraße.

Die Grenzmuseen als Begleitprodukte der deutschen Wiedervereinigung konnten seit den 1990er Jahren Millionen von in- und ausländischen Besuchern begrüßen, wobei die beiden Berliner Einrichtungen (Gedenkstätte und Mauermuseum) mit Abstand von den meisten Menschen aufgesucht wurden.

Die **Gedenkstätte Deutsche Teilung** in Marienborn eröffnete am 13. August 1996 »im Aufbaustadium« und konnte zwischen 1998 und 2003 »denkmalgerecht« saniert werden. Sie entstand auf dem Gelände der ehemaligen DDR-Grenzübergangsstelle (GÜSt) Marienborn/Autobahn, die bis zum 1. Juli 1990 in Funktion war und über die vor allem der Transitverkehr zwischen der Bundesrepublik und West-Berlin rollte. Seinerzeit galt diese GÜSt mit etwa 1000 DDR-Bediensteten (u.a. Angehörige der DDR-Grenztruppen, der Passkontrolleinheiten des MfS sowie des Zolls), zusammen mit der GÜSt Drewitz an der Grenze zu West-Berlin, als größte Anlage ihrer Art. »Exemplarisch wiedererrichtet wurden (bei der Sanierung) jeweils eine der sogenannten Funktionseinheiten der DDR-Grenzübergangsstelle, d.h. die Abfertigungstrakte der Passkontrolleinheit für in die DDR einreisende PKW und LKW, der Zollbereich sowie der Kommandoturm als Führungsstelle«[18] der DDR-Grenztruppen. Im ehemaligen Stabsgebäude gibt es ein Informations- und Dokumentationszentrum mit einem Dauer- und einem Sonderausstellungsbereich, Seminarräume und eine Bibliothek. Die Dauerausstellung wurde 2020 aktualisiert, diese enthält mehr Erläuterungen für jüngere Besucher, die die DDR aus eigenem Erleben nicht mehr kennen. Die Gedenkstätte wird jährlich von rund 150000 Menschen besucht, und pro Jahr finden Hunderte von Führungen in verschiedenen Sprachen statt, darüber hinaus werden Veranstaltungen, Schülerwochen und Lehrerfortbildungen angeboten. Die Einrichtung ist seit 2007 in die Stiftung Gedenkstätten des Landes Sachsen-Anhalt eingebunden und kooperiert über den Verein Grenzenlos – Wege zum Nachbarn mit dem Grenzdenkmal Hötensleben und dem Zonengrenzmuseum Helmstedt. Auf Grund ihrer »gesamtstaatlichen Bedeutung« erhält Marienborn seit 2009 eine jährliche institutionelle Förderung vom Bund,[19] von der andere Häuser nur träumen können. Da nach 1990 vorschnell große Teile der GÜSt abgerissen wurden, so u.a. der gesamte Ausreisebereich, wirkt die Anlage heute auf den ersten Blick überdimensioniert, weil es viele Leerräume

Kommandoturm der ehemaligen DDR-Straßen-GÜSt Marienborn, heute Teil der Gedenkstätte Deutsche Teilung an der A2 Hannover–Berlin.

18 www.sachsen-anhalt.de. Gedenkstätte Deutsche Teilung

19 Bericht der Bundesregierung zum Stand der Aufarbeitung der SED-Diktatur vom 8. Januar 2013, S. 124–127

auf dem Gelände gibt. Es wäre Aufgabe einer weiteren Sanierung, die angelaufen ist, die ehemalige GÜSt annähernd wieder in den Zustand zu versetzen wie vor dem Teilabriss. Ferner sollte man darüber nachdenken, die leere Fläche am Rande der Abfertigungsanlagen mit restaurierten Beobachtungstürmen, früheren Sperrmitteln und witterungsresistentem Gerät der DDR-Grenztruppen zu komplettieren. »Freiluftangebote« erscheinen gerade an diesem Ort wegen der räumlichen Größe der Anlage (7 ½ Hektar) sinnvoll, auch bietet sich auf dem Gelände die Aufstellung eines Modells der bis 1989 streng geheim gehaltenen, bis heute weitgehend unbekannten »Gammastrahlenanlage« an, die zur Durchleuchtung von PKW und LKW bei der Suche nach Flüchtlingen im Ausreisebereich der GÜSt bis zur Öffnung der Grenze in Betrieb war. Das alles ist sicher eine Kostenfrage, aber der anspruchsvolle Name der Gedenkstätte müsste ausreichen, um die politisch Verantwortlichen zu veranlassen, dafür finanzielle Mittel bereitzustellen.

Ebenso wie die Gedenkstätte Deutsche Teilung steht das **Grenzlandmuseum Eichsfeld** in Teistungen (Thüringen) bei Duderstadt (Niedersachsen) auf dem Gelände einer ehemaligen DDR-GÜSt. Schon im Februar 1990 begannen Bemühungen, die Grenzübergangsstelle Duderstadt/Worbis »zum Zwecke des Gedenkens und Dokumentierens« zu erhalten; im selben Jahr kam auf Initiative Duderstadts ein Arbeitskreis unter Leitung des Museumsverbunds Südniedersachsen zusammen, der eine Museumskonzeption formulierte. Die Idee zur Gründung des Museums unterstützten die Gemeinde Teistungen und die Landkreise Worbis und Göttingen. In den folgenden Jahren entstand das Haus mit Magazin und Archiv, das am 11. November 1995 offiziell eröffnet wurde, ein Jahr darauf gründete sich ein Trägerverein. In den Jahren 2008 bis 2011 gestaltete der Verein die Ausstellung auf rund 1200 Quadratmetern Fläche mit etwa 4000 Exponaten völlig neu, gefördert vom Land Thüringen, der Niedersächsischen Sparkassenstiftung und dem Bund. Das Land Niedersachsen unterstützt das Haus mit einer institutionellen Förderung von jährlich 50 000 Euro (Stand 2021). Die alten Gebäude der GÜSt erhielten einen modernen Anbau; seit 2000 verfügt das Grenzmuseum auch über eine eigene Bildungsstätte. Das Museum sieht sich als Partner des »Grünen Bandes« und konzentriert sich bei der inhaltlichen Darstellung des Grenzlandes und seiner Sicherung auf das Eichsfeld. Zum Museum gehört ein knapp 7 Kilometer langer Grenzlandweg mit »Originalgrenzsperranlagen«.

Die Einrichtung ist mit Schulen der Umgebung sowie mit den Universitäten Göttingen und Oldenburg vernetzt, in der Bildungsstätte finden jährlich etwa 150 Veranstaltungen mit mehr als 3000 Teilnehmern statt. Die Bildungsangebote, zu denen Workshops, Seminare (Themenangebote: Geschichte, Demokratie, Umwelt), Buchlesungen, Vorträge sowie »Grenzlandgespräche und Erzählcafés« gehören, sind eng mit der Dauerausstellung verknüpft, die bei den Besuchern mehrheitlich einen hervorragenden Eindruck hinterlässt, ebenso wie ein »Ausstellungsbegleitband« des Museums. Mehr als 800 000 Besucher aus dem In- und Ausland haben das Grenzmuseum nach Angaben des Trägers zwischen 1995 und 2010 besucht,[20] 2019 zählte das Haus mehr als 60 000 Besucher.

Grenzlandmuseum Eichsfeld in Teistungen in der Nähe von Duderstadt.

20 Ebenda, S. 132 – 134; Grenzlandmuseum Eichsfeld (Hrsg.): Ausstellungsband, Band 4 der Schriftenreihe am Grenzlandmuseum Eichsfeld, Teistungen/Duderstadt 2010; Stadt Duderstadt (Hrsg.): Die Grenze im Eichsfeld. Leid – Hoffnung – Freude. Eine Bild- und Textdokumentation zur Teilung des Eichsfeldes 1945 – 1990, 11. Aufl., Göttingen 2012

Eingang zur Außenanlage des Grenzmuseums Schifflersgrund bei Asbach-Sickenberg.

Südlich von Teistungen liegt in der Nähe von Bad Sooden-Allendorf das thüringisch-hessische **Grenzmuseum Schifflersgrund** am Rande des kleinen Ortes Asbach-Sickenberg, das schon am 3. Oktober 1991 an der ehemaligen deutsch-deutschen Grenze eröffnet wurde und sich bis heute in der Trägerschaft des Arbeitskreises Grenzinformation befindet. Die etwas abgelegene Gedenkstätte oberhalb von Bad Sooden-Allendorf an der Werra wurde 2019 von 35 000 Personen besucht. Nach Worten des Vereins verfügt das Museum über den längsten erhaltenen Grenzzaun (von 1972) und bietet »für Besucher jeden Alters ein attraktives Angebot von originalen Exponaten um die Grenzanlagen, Grenzfahrzeuge und Hubschrauber der NVA-Grenztruppen« auf einer Freifläche von fünf Hektar.[21] Das Museum veranstaltet im Rahmen der politischen Bildung für Schulen, Universitäten und andere Bildungseinrichtungen sowie für Bundeswehr, Bundes- und Landespolizei Seminare, ferner werden Wanderausstellungen und Lesungen organisiert.

Besucher des Geländes überrascht die Fülle des dargebotenen Original-Militärgeräts einschließlich US-amerikanischer Panzer und dreier Hubschrauber sowjetischen Typs (Mi-2, Mi-8, Mi-24). Kritiker meinen, in der Aufstellung dieser Relikte des Kalten Krieges eine »Glorifizierung« von Militärtechnik zu erkennen, und beklagen, dass die Dauerausstellung »einem Lesebuch ohne klare Schwerpunktsetzung« gleiche.[22] Die Eintragungen im Gästebuch des Museums lassen allerdings vermuten, dass diese Kritik nur von wenigen Besuchern geteilt wird. Durch höhere Zuschüsse aus Hessen und Thüringen konnte 2021 erstmals eine hauptamtliche Geschäftsführung eingesetzt werden. Außerdem erhielt das Haus im Frühjahr 2021 einen Förderbescheid, wonach das Grenzmuseum für 2,4 Millionen Euro modernisiert werden soll; mit dem Geld werden u. a. das Außengelände umgestaltet und die Dauerausstellung neu geordnet. Ziel ist es, den historischen Ort in Anlehnung an das Erscheinungsbild Mitte der 1980er Jahre authentisch zu rekonstruieren.

Eine weitere Gedenkstätte (und Grenzmuseum) an der innerdeutschen Grenze führt als ehemals östlichster Vorposten der US-Streitkräfte auf dem Gebiet der alten Bundesrepublik den Namen **Point Alpha**. An dieser Stelle erwartete die NATO bis in die 1980er Jahre bei einem seinerzeit denkbaren Kriegsausbruch den Vorstoß sowjetischer Panzerdivisionen in Richtung Westen. Die Gedenkstätte

Ehemaliger US-Beobachtungsturm in der Gedenkstätte Point Alpha, früher Stützpunkt der US-Armee direkt an der innerdeutschen Grenze.

21 Arbeitskreis Grenzinformation (Hrsg.): Gedenkstätte – Grenzmuseum »Schifflersgrund«. Ort des Gedenkens – Ort der Begegnung – Ort des Lernens. Menschen im Aufbruch. Zwischen Erinnerung und neuer Gemeinsamkeit, neu bearbeitet von Michael Dölle und Gustav Nolte (Stand: März 2010), 16 Seiten (DIN-A4-Broschüre)

22 Frank Möller: Geschichte und Gedächtnis. Zur Sicherung und Bewahrung der Erinnerungskultur entlang der ehemaligen innerdeutschen Grenze, in: Heimat THÜRINGEN, hrsg. vom Heimatbund Thüringen (Weimar), 16. Jg. (2009), Heft 4, S. 19

wurde 1997 gegründet. Seit 2008 wird sie von der Point Alpha Stiftung getragen, die im Dezember 2007 von den Ländern Thüringen und Hessen, den Landkreisen Wartburgkreis und Fulda, den Anrainergemeinden Geisa und Rasdorf sowie den beiden Gründungsvereinen in Hessen und Thüringen ins Leben gerufen wurde; im Juni 2009 trat der Bund als Stifter hinzu. Damit war die Finanzierung dauerhaft gesichert. Die Gedenkstätte »legt besonderes Gewicht auf die Verdeutlichung der internationalen Dimension der Teilung, die Blockkonfrontation sowie die militärische Gefahr des Kalten Krieges« und unterhält zum Teil im Original erhaltene oder rekonstruierte Grenzanlagen der DDR sowie eine (militärische) Fahrzeugsammlung. In einem »Haus auf der Grenze« wird eine Dauerausstellung über das DDR-Grenzregime gezeigt, im denkmalgeschützten US-Stützpunkt wird »über den Dienst der Amerikaner für Frieden und Freiheit berichtet«, und seit 2009/10 existiert auf dem Gelände ein »Weg der Hoffnung« mit Skulpturengruppen, die in Anlehnung an den biblischen Kreuzweg entstanden und von Unterdrückung, Leiden, Mut und dem Glauben an Veränderung erzählen. Damit soll an den gewaltlosen Widerstand gegen kommunistische Diktaturen erinnert werden. Das Haus bietet neben Führungen durch die Gedenkstätte Zeitzeugengespräche, Workshops und Grenzwanderungen an, insbesondere für Schüler und Lehrer. Auch wird eine eigene Schriftenreihe herausgegeben.[23]

Im September 2011 eröffnete die Stiftung mit der Point Alpha Akademie eine Einrichtung zur Weiterbildung, mit der das Bildungsangebot »wesentlich erweitert« werden sollte. Die Einrichtung, die auch international bekannt ist, wird jährlich von etwa 100 000 Menschen besucht.[24] Nach Ansicht von Historikern wird die Gedenkstätte »höchsten Ansprüchen« gerecht und ermöglicht es, »in die lokale Mikrogeschichte ebenso einzusteigen wie in die ›große‹ Geschichte des Ost-West-Konflikts«. Den Besuchern würden Interpretationsangebote gemacht, ihnen werde keine bestimmte Sichtweise aufgezwungen, heißt es aus Kreisen von Experten. Innerhalb der Gremien der Point Alpha Stiftung kam es 2018 zu Auseinandersetzungen über die Art und Weise der Erinnerungsarbeit, was zu Rücktritten von Funktionsträgern führte. Ein Point-Alpha-Preis wird für »besondere Verdienste um die Einheit Deutschlands und Europas in Frieden und Freiheit« vergeben, oft an bekannte Politiker im In- und Ausland. Letzter Preisträger war 2021 Bernhard Vogel (CDU), ehemaliger Ministerpräsident von Rheinland-Pfalz und des Freistaates Thüringen.

Noch zu DDR-Zeiten erfolgte in einem Dorf an der thüringisch-bayerischen Landesgrenze am 3. September 1990 die Gründung des Vereins **Deutsch-Deutsches Museum Mödlareuth**, der bis 2005 Träger des Grenzmuseums war. Mödlareuth, in der Zeit der Teilung auch als »Little Berlin« bezeichnet und über Deutschland hinaus bekannt, wurde 1952 als 50-Seelen-Gemeinde durch eine innerdörfliche Grenze getrennt, die bis zum Ende der DDR existierte und immer wieder verstärkt wurde, komplettiert seit 1966 mit einer Betonmauer. Die Gründerväter der Einrichtung verfolgten das Ziel, die Teilung »ganzheitlich« darzustellen und nicht nur Mauer und Stacheldraht, sondern auch die politischen, sozialen und alltagsgeschichtlichen Aspekte der Spaltung zu thematisieren. Schwerpunkte

Außenanlage des Deutsch-Deutschen Museums Mödlareuth bei Hof.

23 Ebenda, S. 20

24 Bericht der Bundesregierung zum Stand der Aufarbeitung der SED-Diktatur vom 8. Januar 2013, S. 121 – 123

sind Sperranlagen, Grenzüberwachungsorgane, Zwangsaussiedlungen, GÜSten, Fluchten, wirtschaftliche und verkehrstechnische Auswirkungen und der Grenzalltag. Darüber hinaus werden die Jahre 1989/90 mit Friedlicher Revolution und Wiedervereinigung »unter Berücksichtigung des jeweiligen historisch-politischen Kontextes in nationaler und europäischer Dimension« behandelt. 2006 übernahm ein länderübergreifender kommunaler Zweckverband das Haus, dem der Landkreis Hof (Freistaat Bayern), der Landkreis Saale-Orla (Freistaat Thüringen), der Vogtlandkreis (Freistaat Sachsen) sowie die Gemeinde Töpen (für die bayerische Seite des Dorfes Mödlareuth) und die Stadt Gefell (für die thüringische Seite Mödlareuths) angehören.

Die Einrichtung verfügt über ein Freigelände, einen Ausstellungsbereich, museumspädagogische Räume, ein Archiv, Depots, eine Bibliothek und einen Museumsshop. Auf einer Fläche von ca. 8000 Quadratmetern vermittelt das Museum in einer Rekonstruktion die Gliederung des Grenzgebietes der DDR (Sperrzone und Schutzstreifen). Ein zweiter Teilbereich zeigt die vorderen Sperranlagen von Mödlareuth auf einer Länge von 100 Metern im Original, die das Dorf bis zur Grenzöffnung 1989 teilten.

Auf dem Parkplatz des Museums steht ein alter sowjetischer Panzer (T 34), der die Blicke der Besucher auf sich zieht und den man an dieser Stelle nicht unbedingt vermutet. So abwegig ist die Zurschaustellung des militärischen Großgeräts aus grauer Vorzeit an diesem Ort jedoch nicht: DDR-Grenzpolizei bzw. NVA-Grenztruppen verfügten Ende der 1950er/Anfang der 1960er Jahre über eigene Panzerkompanien, und in der Ausbildung der Grenzsoldaten wurde bis zuletzt die Nahbekämpfung von Panzern geübt.

Im Rahmen der historisch-politischen Bildung werden vom Museum u.a. Gruppenführungen für Schüler und Erwachsene angeboten, Seminare und Projekttage abgehal-

Besucherzentrum der Gedenkstätte Berliner Mauer an der Bernauer Straße.

ten und Arbeiten zum Erwerb akademischer Abschlüsse zu Themen über die Geschichte der deutschen Teilung betreut. Jährlich besuchen mehr als 75000 Personen das Museum.[25] Eine lange geplante Erweiterung des Deutsch-Deutschen Museums ist inzwischen auf den Weg gebracht worden: Der Bund und die Freistaaten Bayern und Thüringen haben sich 2021 auf die Finanzierung geeinigt. Bund und Bayern werden den Ausbau mit mehr als 11 Millionen Euro fördern, rund 800000 Euro kommen vom Freistaat Thüringen. Das Museum soll die Geschichte der deutschen Teilung und die Wiedervereinigung am Beispiel von »Little Berlin« erzählen, basierend auf dem aktuellem Stand der Forschung und auch interaktiv.

Das mit Abstand größte und aufwändigste Grenzmuseum im vereinten Deutschland steht in seiner Hauptstadt und wird heute von der Stiftung Berliner Mauer betrieben. Die als **Gedenkstätte Berliner Mauer** bezeichnete Einrichtung soll der zentrale Erinnerungsort an die deutsche Teilung sein. Zweck der Stiftung öffentlichen Rechts, die erst am 17. September 2008 durch ein Berliner Gesetz ins Leben gerufen wurde, ist es, die Geschichte der Berliner Mauer und der deutsch-deutschen Fluchtbewegung als Teil und Auswirkung der deutschen Teilung und

25 Ebenda, S. 127–131

Aussichtsplattform der Gedenkstätte Berliner Mauer, Bernauer Straße.

des Ost-West-Konflikts zu dokumentieren und zu vermitteln, ihre historischen Orte zu bewahren und ein würdiges Gedenken an die Opfer kommunistischer Gewaltherrschaft zu ermöglichen.

Die Gedenkstätte Berliner Mauer liegt nördlich des Zentrums der deutschen Hauptstadt an der Bernauer Straße auf und neben dem ehemaligen Mauer- und Grenzstreifen, der Berlin bis 1989 teilte. Auf dem Areal befindet sich das »letzte Stück der Berliner Mauer, das in seiner Tiefenstaffelung erhalten geblieben ist und einen Eindruck vom Aufbau der Grenzanlagen zum Ende der 1980er Jahre vermittelt«. Die Entstehung der Gedenkstätte geht auf erste Anfänge im Jahre 1990 zurück. 1997 gründete sich ein Verein Berliner Mauer als Träger eines aufzubauenden Dokumentationszentrums, das dann zum 10. Jahrestag des Mauerfalls am 9. November 1999 eröffnete. Ein Jahrzehnt später, am 9. November 2009, kam ein Besucherzentrum hinzu. Auch in der folgenden Zeit wurde die Gedenkstätte auf Grund des vom Berliner Senat 2006 verabschiedeten Konzepts zur Erinnerung an die Berliner Mauer weiter vervollständigt. Im Laufe der Jahre war in der ehemals geteilten Hauptstadt die Erkenntnis gewachsen, dass durch den nahezu vollständigen Abriss der Grenzanlagen nur noch kaum sichtbare bauliche Reste an die deutsche Teilung erinnerten. Das beklagten vor allem Besucher aus Westdeutschland und dem Ausland, die die Mauer oft nur von Fotografien, Fernseh- und Filmaufnahmen kannten. Selbst an der East Side Gallery, einem denkmalgeschützten Stück der sogenannten »Hinterlandsicherungsmauer« im Stadtteil Friedrichshain, führten Profitinteressen zu einem Teilabriss.

Von der Gedenkstätte Berliner Mauer werden inzwischen in hoher Dichte Führungen und Seminare unter anderem für Schüler angeboten, auch gibt das Haus eigene Schriften heraus. Das Dokumentationszentrum kann seit Jahren einen starken Anstieg der Besucherzahlen registrieren (2004: 67000; 2011: 447000).[26] Das inzwischen erweiterte Dokumentationszentrum zählte 2017 allein etwa 375000 Besucher, die Anlage insgesamt 967000 Personen. Offenbar spielt die zentrumsferne Lage heute keine Rolle mehr.

Von seiner zentralen Lage im Zentrum der Hauptstadt profitierte schon immer das privat betriebene **Mauermuseum am Checkpoint Charlie** in der Berliner Friedrichstraße, das bereits im Juni 1963 in unmittelbarer Nähe des weltweit bekannten alliierten Kontrollpunkts nach Ost-Berlin von Rainer Hildebrandt gegründet wurde. Auf engstem Raum beherbergt es Originalobjekte von Flucht-

Mauermuseum – Museum Haus am Checkpoint Charlie in der Nähe der früheren »Ausländer-Übergangsstelle« Friedrichstraße.

26 Ebenda, S. 108 – 112; Axel Klausmeier: Die Gedenkstätte Berliner Mauer an der Bernauer Straße, in: Klaus-Dietmar Henke: Die Mauer. Errichtung, Überwindung, Erinnerung, München 2011, S. 394 – 406; Gabriele Camphausen/Manfred Fischer: Die bürgerschaftliche Durchsetzung der Gedenkstätte an der Bernauer Straße, in: ebenda, S. 355 – 376; Rainer E. Klemke: Das Gesamtkonzept Berliner Mauer, in: ebenda, S. 377 – 393

gerät und dokumentiert die Geschichte der Mauer.[27]

Das Haus am Checkpoint Charlie wird ebenfalls von Hunderttausenden Menschen besucht, da die Gegend täglich von zahlreichen Reisebussen angefahren wird. Besucher fragen gerade an dieser Stelle immer wieder, wo die Mauer stand, die auch hier verschwunden ist. Die frühere alliierte Baracke am Checkpoint hat man abgebaut, an ihrer Stelle steht jetzt eine Nachbildung, vor der »Amis« in Uniform posieren und von »Mauertouristen« fotografiert werden. An schönen Tagen drängen sich an dieser Stelle Tausende Menschen, um ein wenig »Kalten Krieg« zu inhalieren.

Eingelassen im Pflaster auf der früheren Grenzlinie: Gedenkband des Berliner Mauerverlaufs.

Festzuhalten ist, dass seit 1989/90 an der früheren innerdeutschen Grenze und vor allem in Berlin eine »Erinnerungsindustrie« entstand, die Hunderten von Menschen, darunter auch »Ehemaligen«, eine sinnvolle Tätigkeit gab und gibt, die bis heute zum Teil hauptberuflich, mehrheitlich jedoch ehrenamtlich geleistet wird. Die Arbeitsgemeinschaft der Museen, Gedenkstätten und Denkmale an der ehemaligen innerdeutschen Grenze weist Dutzende Einrichtungen aus, die sich dem Thema widmen. Die innerdeutsche Grenze ist heute in Teilen so etwas wie ein 1400 Kilometer langes Flächendenkmal der Erinnerung, dazu kommen noch einige Kilometer Fläche in und um Berlin.

Die Politik ist aufgefordert, den Abbau und die Zerstörung der noch vorhandenen Grenzrelikte zu stoppen und dafür zu sorgen, dass die ehemalige Grenze wieder stärker sichtbar gemacht wird. Auch ist ein größeres Engagement der Wissenschaft gefragt; ein Anfang ist schon vor zehn Jahren durch Historiker der Leibniz Universität Hannover gemacht worden.[28]

Gleichzeitig sollte man darüber nachdenken, wie man am besten die zahlreichen kleinen Grenzmuseen in privater Trägerschaft, die ohne Lobby sind, unterstützen kann. Hier sind in erster Linie Gemeinden, Städte und Kreise in der alten Grenzregion gefordert, die diesen Häusern z. B. durch den Verzicht auf Pacht, Miete und Gebühren helfen könnten. Auch ist es denkbar, diesen Einrichtungen seitens der örtlichen Behörden »Übernahmeangebote« zu machen, um sie mit Zustimmung ihrer Gründer in kommunale Museen zu überführen.

Den Zugang zur Erinnerung finden die heutigen Einwohner des früheren Grenzgebietes nach allem, was in Erfahrung gebracht werden konnte, am besten über eine primär regionale und lokale Aufarbeitung der Vergangenheit. Generell wäre darauf zu achten, bei der Bewahrung der Grenzrelikte und beim Gedenken an die Opfer der deutschen Teilung auf jede Art von Kommerzialisierung zu verzichten.

27 Rainer Hildebrandt: Es geschah an der Mauer. Eine Bilddokumentation des Sperrgürtels um Berlin (West), seine Entwicklung vom »13. August« 1961 bis zum »9. November« 1989 mit den wichtigsten Geschehnissen, hrsg. vom Verlag Haus am Checkpoint Charlie, 19. Aufl., Berlin 2000

28 Thomas Schwark, Detlef Schmiechen-Ackermann, Carl-Hans Hauptmeyer (Hrsg.): Grenzziehungen – Grenzerfahrungen – Grenzüberschreitungen. Die innerdeutsche Grenze 1945 – 1990, Darmstadt 2011; Leibniz Universität Hannover/Philosophische Fakultät/Historisches Seminar/Forschungsgruppe Grenze (Hrsg.): Zukunft der Grenzmuseen. Sammlungen, Präsentationen, Konzepte, wissenschaftliche Forschung, Koordination, Hannover 2012 (www.grenzprojekt.de)

1982:
Ein BGS-Beamter informiert westliche Besucher, die sich bis an die Grenzlinie nähern konnten, über die Kennzeichnung der Grenze am Strand und in Richtung offene See.

Alte und neue Fotos aus dem früheren Grenzgebiet

Seegrenze der DDR, Schleswig-Holstein/Mecklenburg-Vorpommern

Mit der Absperrung West-Berlins am 13. August 1961 intensivierte die DDR die Überwachung ihrer Ostseeküste (640 km Gesamtlänge einschl. aller Buchten-, Bodden- und Inselküsten), um Fluchten über See zu verhindern. Das besorgten Kräfte der »Grenzbrigade Küste« (Stärke: 2500 Mann) im Zusammenwirken mit der Volkspolizei, Transportpolizei und dem MfS land- und seeseitig schwerpunktmäßig in »ablandegefährdeten Abschnitten«.

In den 1960er bis 1980er Jahren gab es im Raum westlich von Wismar eine Häufung von Fluchtversuchen in Richtung Lübeck-Travemünde. Deshalb kamen in diesem Gebiet verstärkt Grenzsoldaten zum Einsatz, und man errichtete in hoher Dichte Sperrmittel, unter anderem eine 13 km lange Mauer, Zäune und Wachtürme, um »Republikflüchtige« spätestens am Strand abzufangen. Seeseitig lagen in den 1980er Jahren bei »normaler Grenzsicherung« in der Regel vier Grenzschiffe des Typs KONDOR I in den Territorialgewässern der DDR (3-Meilen-Zone; ab 1. Januar 1985: 12-Meilen-Zone) vor Klützhöved, Kühlungsborn, Graal-Müritz und vor Darßer Ort bzw. Kap Arkona auf »Wacht für den Sozialismus«. Zusätzlich waren Grenzboote vom Typ BREMSE an solchen Stellen postiert, wo es Verbindungen zwischen den Boddengewässern und der offenen See gab. Insgesamt wurden von 1961 bis 1989 an der Seegrenze der DDR mehr als 4000 Bürger als »Grenzverletzer« festgenommen, knapp 600 Personen gelang die Flucht über See in den Westen. Nach vorsichtigen Schätzungen kamen aber auch etwa 180 Menschen bei Fluchtversuchen in der Ostsee ums Leben.

Die Landesgrenze von Schleswig-Holstein zur DDR hatte eine Länge von 136 km und reichte vom Priwall an der Ostsee bis nach Lauenburg an der Elbe. Heute verläuft diese an gleicher Stelle und in gleicher Länge zwischen Schleswig-Holstein und dem (neuen) Bundesland Mecklenburg-Vorpommern und hat den Charakter einer bloßen Landes- und Verwaltungsgrenze, auch wenn auf der Ostseite andere Förderungskriterien für die Wirtschaft gelten. Nach 1989/90 wurden viele der früheren Verkehrswege wieder eröffnet und neue kamen hinzu, unter anderem die »Ostseeautobahn« von Bad Segeberg bzw. vom »Kreuz Lübeck« nach Vorpommern (BAB 20), die Ende 2009 endgültig fertiggestellt wurde. Gegen diese machten Natur- und Umweltschützer mobil, weil sie die Zerstörung wertvoller Biotope befürchteten. Von der Gesamtstrecke befinden sich 280 km in Mecklenburg-Vorpommern und nur knapp 40 km auf dem Gebiet von Schleswig-Holstein. Der Bau war eines der größten Verkehrsprojekte »Deutsche Einheit«.

Am Priwall beginnt seit Anfang der 1990er Jahre das »Grüne Band Deutschland«, ein geschützter Grüngürtel für bedrohte Tier- und Planzenarten auf rund 1400 km entlang der ehemaligen innerdeutschen Grenze am früheren Kolonnenweg der DDR-Grenztruppen. Ein »Naturpark Lauenburgische Seen« auf der Westseite und ein »Biosphärenreservat Schaalsee« auf der Ostseite der ehemaligen deutsch-deutschen Grenze garantieren darüber hinaus einen verstärkten Natur- und Umweltschutz in dieser landschaftlich reizvollen und wenig bewohnten Gegend.

Die Hansestadt Lübeck, einzige Großstadt unmittelbar an der innerdeutschen Grenze,

klagte früher über ihre extreme Lage und hatte – trotz Zonenrandförderung – bis 1989/90 erhebliche wirtschaftliche Nachteile durch ihr fehlendes natürliches Hinterland im Osten und durch die weite Entfernung zu westdeutschen Wirtschaftszentren. Immerhin konnte in Zeiten der deutschen Teilung mit dem Skandinavienkai in Lübeck-Travemünde einer der größten Fährschiffhäfen Europas in Betrieb genommen werden. Schleswig-Holstein ist heute, zusammen mit Mecklenburg-Vorpommern, dem Stadtstaat Hamburg und mit Niedersachsen, Mitglied der Vier-Länder-Anstalt des Norddeutschen Rundfunks (NDR), die das Zusammenwachsen vor allem der Norddeutschen politisch und kulturell begleitet.

1986:
DDR-Grenzschiff vom Typ KONDOR-I auf Ankerposition in der Mecklenburger Bucht. Diese Fahrzeuge hatten in erster Linie die Aufgabe, Fluchten von DDR-Bürgern über See zu verhindern. Im Küstenmeer der DDR war grundsätzlich Sportschifffahrt nur mit besonderer Genehmigung nach Passieren von Grenzübergangsstellen oder Kontrollpunkten möglich.
Boje (gelb; mit Aufschrift »Grenze«) bei Travemünde am Priwall. 1974 einigten sich die beiden deutschen Staaten über den Verlauf und die Kennzeichnung der knapp 15 km langen Seegrenze in der Lübecker Bucht.

1986 und 2011: FKK-Strand am Priwall, der bis an die westliche Begrenzung zur DDR reichte. Links ein moderner Wachturm BT-9 mit verspiegelten Scheiben, rechts ein älterer Wachturm BT-11. Diese Türme verfügten über Scheinwerfer, die nachts den Strand nach möglichen Flüchtlingen ableuchteten. Außerdem kamen mobile »Flakscheinwerfer« auf Fahrzeugen zum Einsatz, deren Lichtstrahl knapp 20 km weit reichte. Diese bewirkten öfter, dass potenzielle Flüchtlinge von ihrem Vorhaben abließen oder in Gebiete abgedrängt wurden, in denen Grenzposten der »Grenzbrigade Küste« patrouillierten. Unteres Foto: Bis heute erhaltener Beobachtungsturm (Typ 11) der Grenzbrigade Küste am Strand von Börgerende.

1986 und 2013:
Am Priwall bei Travemünde
an der Ostsee.

1982 und 2013: An der Straße K 3 vom Priwall nach Pötenitz. Ein Grenzaufklärer der DDR-Grenztruppen fotografiert westliche Besucher. Diese Art der »Grenzaufklärung feindwärts« gehörte zur Routine, und die Ergebnisse dieser Aktivitäten wurden in monatlichen Berichten der Unterabteilung Grenzaufklärung der (drei) Grenzkommandos an das zentrale Kommando der Grenztruppen in Pätz bei Berlin weitergegeben.

1982 und 2013:
Blick auf die DDR-Grenzübergangsstelle (GÜSt) Selmsdorf im Kreis Grevesmühlen des damaligen Ostseebezirks Rostock. Diese GÜSt befand sich östlich des Straßenübergangs Lübeck-Schlutup und war entsprechend den innerdeutschen Verträgen von 1972/73 auch für den grenznahen Verkehr geöffnet, für den zwischen Lübeck-Schlutup und Schönberg (DDR-Bezirk Rostock) regelmäßige Busverbindungen eingerichtet waren. Über diesen Übergang wurden ab 1979 Bauschutt-Transporte in die DDR abgewickelt, ab 1980 konnte auch westlicher »Sondermüll« zu Dumpingpreisen in einer Deponie bei Schönberg angefahren werden. Die Deponie zwischen Selmsdorf und Schönberg existiert in reduzierter Form bis heute.

1984 und 2013: Straße zwischen Eichholz nahe Lübeck (Schleswig-Holstein) und Herrnburg (heute Mecklenburg-Vorpommern). Das Schild rechts im Bild mahnte Bundesbürger, dass auch die DDR zu Deutschland gehöre, was in den 1980er Jahren in einigen westlichen Kreisen zunehmend in Vergessenheit zu geraten schien. Links im Bild an der DDR-Grenzsäule zwei Grenzaufklärer, im Hintergrund ein Wachturm BT-11. Nach 1990 haben Lübecker Familien auf der mecklenburgischen Seite, in der Gemarkung Herrnburg, Grundstücke erworben, um hier Häuser zu bauen.

1985:
Der Westen war verpflichtet, auf Gefährdungen im Grenzgebiet hinzuweisen, da die DDR das verlangte. Ob die (westliche) Strafandrohung jemals angewandt wurde, ist zweifelhaft, da es die Bürger der BRD vermieden, sich an Ost-Binnenfischen zu vergreifen.

1985 und 2009:
Die landschaftliche Idylle an der Wakenitz nördlich des Großen Ratzeburger Sees bei Schattin (Mecklenburg) mit DDR-Wachturm.
Heute führt die neue Autobahnbrücke (BAB 20) über die Wakenitz bei Groß Grönau (Schleswig-Holstein) an der ehemaligen deutsch-deutschen Grenze.

1986 und 2010:
An dieser Stelle befand sich bis 1977 die »Domäne Neuhof«. Das Gut, gelegen direkt an der Grenzlinie, musste auf Veranlassung der DDR-Verantwortlichen abgerissen werden, weil es die Grenzsicherung im 500-m-Schutzstreifen behinderte.
Heute ist vom Gut Neuhof nichts mehr zu sehen. An dem ehemaligen Gehöft führt ein Wanderweg vorbei. Im jetzigen Kreis Nordwestmecklenburg wurden etwa ein Dutzend Orte bzw. Teile von Ortschaften aus »Sicherheitsgründen« zerstört und eingeebnet. Den SED-Machthabern erschien es personell und grenztechnisch zu aufwändig, im Schutzstreifen unmittelbar an der »Staatsgrenze West« kleinere Wohneinheiten zu erhalten. Seit der Friedlichen Revolution erinnern Denkmale und Gedenktafeln sowie neue Ortschroniken (der alten Nachbargemeinden) an diese »geschleiften Orte« an der innerdeutschen Grenze, von denen es insgesamt etwa 50 gab.

1986 und 2013: Westbesucher an der innerdeutschen Grenzlinie am Mechower See mit Blick in Richtung Schlagbrügge (Mecklenburg). Heute verläuft hier eine neue Straßenverbindung West–Ost.

1986 und 2007:
Ende der Bundesstraße 208 aus Richtung Ratzeburg (BRD) bei Mustin, die ursprünglich unter einer anderen Bezeichnung nach Gadebusch (DDR) führte. Im Bild Straßenreste, Kleinbunker der DDR-Grenztruppen, DDR-Grenzsäule und Grenzzaun I/Metallgitterzaun. Heute führt an der Landesgrenze Schleswig-Holstein – Mecklenburg-Vorpommern die B 208 in der Nähe von Mustin (Schleswig-Holstein) über die ehemalige Grenzlinie ins mecklenburgische Gadebusch und weiter nach Wismar.

1984 und 2011: In der Nacht vom 30. April zum 1. Mai 1976 wurde an der Grenzsäule 231 am »Großen Grenzknick« in Bröthen bei Büchen (Schleswig-Holstein) der langjährige ehemalige politische DDR-Häftling, Bundesbürger und Fluchthelfer Michael Gartenschläger (Jg. 1944) von Kräften der Einsatzkompanie der MfS-Hauptabteilung I/Äußere Abwehr bei dem Versuch erschossen, zum dritten Mal eine Selbstschussanlage abzumontieren. Heute erinnert ein Gedenkstein mit folgendem Text an das Verbrechen: »An dieser Stelle wurde am 30. 4. 1976 mit 120 Schüssen Michael Gartenschläger durch ein Sonderkommando der DDR-Regierung erschossen«.

Der »Fall Gartenschläger« erregte 1976 große Aufmerksamkeit in West und Ost. Der Mann, zuvor zehn Jahre in DDR-Haft und durch Freikauf in den Westen gekommen, hatte bereits zwei der sogenannten Selbstschussgeräte SM-70 (DDR-amtlich: »Splitterminen«) am Grenzzaun I abgebaut und in den Westen verbracht. Das sorgte für helle Aufregung in den Führungsetagen von SED, MfS und DDR-Grenztruppen, die alles daran setzten, weitere »Entnahmen« dieses Apparats zu verhindern – einschließlich tschekistischer Mittel, etwa durch den Einsatz von Spitzeln im Umkreis von Michael Gartenschläger. Trotz Warnungen westdeutscher Sicherheitskräfte versuchte der 32-Jährige in der Nacht zum 1. Mai 1976 noch einmal, mit Freunden eine SM-70 abzubauen. Dabei lief er in eine Falle des MfS, dessen Offiziere offenbar an der richtigen Stelle auf ihn warteten und ihn sofort erschossen. Angeblich wollten die vier MfS-Schützen dabei in Notwehr gehandelt haben, weil Gartenschläger sich der Festnahme durch Gebrauch einer Pistole entziehen wollte. Belege dafür gab es nicht. Mehrere Gerichtsverfahren nach der Wiedervereinigung fanden keine hinreichenden Beweise dafür, dass es sich um einen Mord an Gartenschläger gehandelt habe; im Ergebnis kamen die Todesschützen unbehelligt davon. Zu DDR-Zeiten wurden sie nach der Aktion mit allerlei Orden behängt, die mit Geldzuwendungen verbunden waren. Ohne Umstände hätten diese hochqualifizierten Kämpfer einer Kommandoeinheit den »Diebstahl« von Volkseigentum ohne Waffengebrauch verhindern können. Sie wären auch in der Lage gewesen, Gartenschläger durch Schusswaffeneinsatz nur zu verwunden. Offenbar war das höheren Orts aber nicht besonders erwünscht und seine Vernichtung wurde gewollt oder zumindest billigend in Kauf genommen.

2011:
Gedenkkreuz für Michael Gartenschläger im Wald bei Büchen, das als erstes Mahnzeichen bereits Ende der 1970er Jahre errichtet worden ist.

1986 und 2013: Grenzverlauf bei Dalldorf (Schleswig-Holstein) an der Stecknitz mit Blick in Richtung Zweedorf (Mecklenburg-Vorpommern). Im Bild: DDR-Grenzsäule, Grenzzaun I/Metallgitterzaun, rechts Führungsstelle (4 × 4 m) der DDR-Grenztruppen.

1986:
Zwei DDR-Grenzaufklärer bei Zweedorf an der Stecknitz im Einsatz. Seit Anfang der 1970er Jahre setzten die DDR-Grenztruppen vom MfS ausgewählte bzw. bestätigte Unteroffiziere sowie später vor allem Fähnriche als Grenzaufklärer (GAK) ein, die eine Spezialausbildung erhielten. Den GAK wurden für ihre Tätigkeit im eigenen Grenzgebiet ein ständiger Geländestreifen einschließlich Ortschaften zugewiesen, und man stattete diese Leute mit Motorrädern, Beobachtungs- und Fototechnik aus. Bei der »Grenzaufklärung freundwärts« bestand die Hauptaufgabe der GAK darin, Vorbereitungshandlungen für »Ungesetzliche Grenzübertritte« (§ 213 DDR-StGB von 1968) schon im Grenzvorfeld zu erkennen (z. B. Verstecke der »Grenzverletzer«) und Fluchten zu verhindern. Bei der »Grenzaufklärung feindwärts« war es ihre Aufgabe, Westaktivitäten an der deutsch-deutschen Grenze dokumentarisch festzuhalten. Dazu gehörte das Fotografieren aller Besucher und Bewegungen vom vorgelagerten DDR-Grenzgebiet aus.

1986 und 2013: Grenzverlauf an der B 5 bei Lauenburg in Richtung Horst (DDR-GÜSt). Hier verläuft heute die Landesgrenze von Mecklenburg-Vorpommern.

1990 und 2010:
DDR-GÜSt Horst (Mecklenburg-Vorpommern) bei Lauenburg (Schleswig-Holstein) an der B 5 schon im »abgerüsteten« Zustand, da man das Staatswappen der DDR aus der Stele bereits entfernt hatte. Links im Bild vor dem Waldabschnitt ein Wachturm BT-11, in der Mitte eine Führungsstelle. Diese GÜSt war einst für den Straßentransit auf der B 5 bzw. F 5 (DDR) von und nach Berlin (West) zugelassen, nach Fertigstellung der Transitautobahn Hamburg–Berlin Ende 1982 entfiel diese Funktion. Der Transitverkehr von und nach Berlin (West) wurde mit einem Abkommen zwischen der BRD und der DDR Ende 1971 auf Grund des Vier-Mächte-Abkommens der Alliierten über Berlin erstmals vertraglich geregelt; zuvor konnte dieser Verkehr recht willkürlich seitens der DDR-Behörden »verlangsamt« oder gar zeitweise unterbrochen werden.

Elbgrenze: Niedersachsen/Mecklenburg-Vorpommern, Brandenburg

Von Anfang an war die Elbgrenze zwischen den beiden deutschen Staaten ein neuralgischer Punkt und für »Besondere Vorkommnisse« geeignet, weil sich Ost und West in Zeiten der Teilung nie auf den genauen Verlauf der Grenze einigen konnten. An den Strom grenzten bis 1990 das Bundesland Niedersachsen und im Osten der DDR-Bezirk Schwerin, nach der Wiedervereinigung im Osten das Bundesland Mecklenburg-Vorpommern und – mit einem kurzen Abschnitt – das Bundesland Brandenburg. Die ehemalige deutsch-deutsche Elbgrenze hatte eine Länge von knapp 100 km und war Teil des niedersächsischen Teils der Grenze zur DDR mit insgesamt 555 km. Der Westen, hier vertreten in erster Linie durch die britische Besatzungsmacht, die – zusammen mit den anderen Alliierten – bis 1990 Vorbehaltsrechte im Hinblick auf Deutschland als Ganzes wahrnahm, und die Bundesregierung gingen davon aus, dass die Grenze am östlichen Buhnenvorfeld der Elbe sei; die UdSSR und die DDR beanspruchten, dass die Grenze in der Mitte des Stromes verlaufe. Auch die deutsch-deutsche Grenzkommission konnte sich in den 1970er Jahren im Zeichen der Ost-West-Entspannung nicht auf eine von beiden Seiten anerkannte Elbgrenze verständigen, die Rechtsstandpunkte lösten sich praktisch erst mit der deutschen Einheit auf. Vor allem bis Ende der 1960er Jahre kam es wegen der unterschiedlichen Auffassungen zu zahlreichen Grenzzwischenfällen auf der Elbe, von denen die Auseinandersetzungen im Herbst 1966 am gefährlichsten waren: Boote der DDR-Grenztruppen behinderten Peilarbeiten eines Vermessungsschiffes des Westens auf der Elbe und hinderten es daran, die Flussmitte zu überfahren. Es bedurfte des Eingreifens der Briten und ihrer militärischen Präsenz auf dem Westufer, um die Situation zu bereinigen und den alten Zustand wieder herzustellen. Westliche Sportbootfahrer waren auch danach gut beraten, sich dem Ostufer der Elbe nicht zu nähern, weil sie dann mit einer Festnahme rechnen mussten.

1984: Torso der Dömitzer Straßenbrücke auf der Westseite der Elbe mit Blick in Richtung Osten und die DDR-Sperranlagen sowie die Stadt Dömitz. Die Brücke wurde, ebenso wie die Dömitzer Eisenbahnbrücke, in den letzten Kriegswochen durch alliierte Flugzeuge zerstört.

1984 und 2013:
Auf dem Elbdeich
bei Lauenburg fotografieren
DDR-Grenzaufklärer
westliche Besucher.

1984 und 2010:
An der Hafeneinfahrt bei Boizenburg (DDR-Bezirk Schwerin, heute Mecklenburg-Vorpommern) mit Grenzzaunanlagen und einer Führungsstelle (4 × 4 m) der DDR-Grenztruppen. Das Grün deckt inzwischen die alten DDR-Grenzrodungen vollständig zu.

1985 und 2020: Die Elbe bei Bleckede (Niedersachsen) mit DDR-Grenzboot (oben) und Fähre (unten). Auf der Ostseite der Elbe liegt der Ort Bleckede. Während der deutschen Teilung lagen die rechtselbigen Stadtteile Neu Bleckede und Neu Wendischthun innerhalb der DDR. Infolge der Wiedervereinigung wurden die beiden Ortschaften 1993 wieder Teile der Stadt Bleckede und das gesamte Amt Neuhaus (ehemals Kreis Bleckede) Teil des Landkreises Lüneburg.

1984 und 2020: Blick auf Darchau (Amt Neuhaus) auf der DDR-Seite der Elbe (Bezirk Schwerin) mit Grenzzaunanlagen auf dem Deich, links im Bild ein Wachturm BT-11. Heute verkehrt hier eine Fähre nach Neu-Darchau auf der Westseite. Seit 1993 gehört das am Ostufer liegende Darchau im Gebiet des »Amtes Neuhaus« (bis 1945: Teil der preußischen Provinz Hannover) mit seinen rund 5000 Einwohnern zu Niedersachsen und nicht mehr zum heutigen Mecklenburg-Vorpommern. Damit wurde die 1945 vorgenommene willkürliche Veräußerung des Gebiets an die Sowjetische Besatzungszone durch die Briten rückgängig gemacht.

1984 und 2009:
Die Elbe bei Hitzacker (Niedersachsen). Im Bild sind ein DDR-Grenzsicherungsboot, im Hintergrund Grenzsperranlagen und ein Wachturm BT-11 zu erkennen. Heute sind beide Seiten durch eine Personenfähre verbunden.

1984 und 2022: Hier endete einst die B 191 an der Elbe, die ursprünglich unter anderer Kennung nach Ludwigslust (Mecklenburg) führte. Inzwischen gibt es freie Fahrt auf der neu errichteten Dömitzer Straßenbrücke.

1982 und 2021:
Die Dömitzer Straßenbrücke während der deutschen Teilung und nach dem Neubau von 1992.

Juli 1987: DDR-Grenztruppen sprengen die Reste der Dömitzer Eisenbahnbrücke, die am 20. April 1945, dem letzten Geburtstag von Adolf Hitler, durch US-Kampfflugzeuge zerstört wurde. Die beiden Dömitzer Elbbrücken, vor allem die Eisenbahnbrücke, wurden bis 1990 zum Symbol der deutschen Teilung. Zu ihnen gab es auf der Westseite einen sogenannten Grenztourismus, während die Ostseite jeden Zugang zu den Bauwerken unterband. Die beschädigte Eisenbahnbrücke geriet in der alten Bundesrepublik nach Ansicht von Zeithistorikern zur »Bildikone«. An der zerstörten Brücke fanden politische Veranstaltungen statt, die an die Unnatürlichkeit der deutschen Spaltung erinnerten. Kaum eine Darstellung der innerdeutschen Grenze in Film und Fernsehen ließ die Brückenruinen aus. Eine Wiedererrichtung der Eisenbahnbrücke kam, im Gegensatz zur Straßenbrücke, nach der deutschen Einheit für die Bahn nicht in Betracht.

1985: Die Westseite der Eisenbahnbrücke, die unter Denkmalschutz steht und an einen niederländischen Unternehmer verkauft wurde.

1985 und 2018:
Die Elbe bei Lütkenwisch mit Grenzboot und Grenzsperren der DDR auf dem Elbdeich. Heute verkehrt hier eine Fähre in das niedersächsische Schnackenburg.

Niedersachsen / Sachsen-Anhalt, Thüringen

Niedersachsen war bis 1990 das Bundesland mit der längsten Grenze zur DDR: Auf insgesamt 555 km war Deutschland hier geteilt, davon auf rund 95 km an der Elbe. Auf der Ostseite befanden sich die DDR-Grenzbezirke Schwerin, Magdeburg und Erfurt, deren Territorien heute zu Mecklenburg-Vorpommern, Brandenburg, Sachsen-Anhalt und Thüringen gehören.

Beim niedersächsischen Helmstedt an der BAB 2 befand sich bis 1990 mit der DDR-Grenzübergangsstelle (GÜSt) Marienborn eine der größten Übergangsstellen für den Transit nach und von Berlin (West) und für die Einreise in den zweiten deutschen Staat. Nach dem Inkrafttreten der innerdeutschen Verträge wurden 1973 an der niedersächsischen Landesgrenze zur DDR zwei weitere Straßengrenzübergänge an der B 71 (Bergen/Dumme – Salzwedel) und an der B 247 (Duderstadt – Worbis) eröffnet, die vor allem für den neu zugelassenen »grenznahen Verkehr« geschaffen wurden. Dabei handelte es sich um die Möglichkeit von Tagesaufenthalten für Bewohner von 56 grenznahen Stadt- und Landkreisen der Bundesrepublik in 54 grenznahen DDR-Kreisen. Die Tagesbesuche konnten mit sogenannten Mehrfachberechtigungsscheinen bis zu neun Mal während eines Vierteljahres zum Besuch von Verwandten und Bekannten als auch aus touristischen Gründen außerhalb des 5 km breiten DDR-Grenzsperrgebietes genutzt werden (ab August 1984 waren zwei Tage erlaubt). Das Zusammengehörigkeitsgefühl der Deutschen wurde durch diese Kontakte nachhaltig gestärkt.

An der Landesgrenze Niedersachsens zum Osten und in der Elbregion der neuen Bundesländer entstanden nach der Einheit mehrere Biosphärenreservate und Naturparks; Anfänge dazu gab es auf beiden Seiten schon vor 1989/90.

1997:
Die erhalten gebliebenen Teile der riesigen Grenzübergangsstelle Marienborn.

2011:
Die Bundesautobahn 2 in Fahrtrichtung Westen/ Helmstedt (Niedersachsen). In der Mitte die ehemalige DDR-Stele ohne das Staatswappen, links davon der Beobachtungsturm vor der GÜSt Marienborn.

1985 und 2017: Ende der B 248 bei Lübbow (Niedersachsen) mit Blick in Richtung Hoyersburg (DDR-Grenzkreis Salzwedel im Bezirk Magdeburg, heute: Sachsen-Anhalt). Heute rollt hier der Ost-West-Autoverkehr; links eine Erinnerungstafel an die Zeit der deutschen und europäischen Teilung, im Hintergrund eine ehemalige Führungsstelle der DDR-Grenztruppen.

1980 und 2013: Gedenkstätte für Hans Franck bei Lübbow direkt an der deutsch-deutschen Grenze. Der Konstrukteur aus Meißen hatte Anfang 1973 den DDR-Grenzzaun I überwunden und wurde dabei durch scharfkantige Metallsplitter einer Selbstschussanlage (SM-70) getroffen, was zu starken inneren Verletzungen führte. Er erreichte noch westliches Gebiet, eine Notoperation konnte ihn aber nicht mehr retten, er starb am 17. Januar 1973 im Alter von 27 Jahren. Im ärztlichen Bericht hieß es, dass Franck durch die Auslösung der SM-70-Anlage unterhalb des Leistenbandes am linken Oberschenkel verletzt wurde und die dort gelagerten Gefäße an mehreren Stellen so zerfetzt worden waren, dass sich die Gefäßnaht als schwierig gestaltete und die OP-Zeit erheblich verlängerte. Den schweren Entblutungsschock und die Länge der OP hat sein Organismus nicht mehr verkraften können, was schließlich zu einem irreversiblen Kreislaufzusammenbruch führte, der den Tod zur Folge hatte.

1985 und 2012:
Der gut ausgeleuchtete Grenzverlauf bei Bergen an der Dumme (Niedersachsen) an der B 71 im Vorfeld der DDR-GÜSt Salzwedel; rechts im Bild die obligatorische Stele mit dem DDR-Staatswappen.
Die alte DDR-Stele ziert heute in Fahrtrichtung Salzwedel das Landeswappen von Sachsen-Anhalt.

1982 und 2009:
Blick auf die (abgebaute) Bahntrasse der Strecke Uelzen–Salzwedel an der deutsch-deutschen Grenze bei Nienbergen (Niedersachsen).
Nach Wiederherstellung der Trasse passiert ein ICE 1 der Deutschen Bahn bei Groß Grabenstedt die ehemalige innerdeutsche Grenze.

1982 und 2020:
An dieser Stelle zwischen Harpe (Niedersachsen) und Dahrendorf (DDR-Bezirk Magdeburg, Kreis Salzwedel, heute Sachsen-Anhalt) war die Straße auf etwa 100 m in der Mitte geteilt.
Heute erinnert an die Teilung ein Gedenkstein.

1982 und 2013: DDR-Grenzzaun I/Metallgitterzaun bei Thielitz im niedersächsischen Kreis Uelzen. Deutlich zu erkennen sind die herausstehenden SM-70-Selbstschussanlagen, die 1983/84 abgebaut wurden. Inzwischen ist der Grenzstreifen wieder bewachsen.

1982 und 2021:
Straße bei Schafwedel
(Kreis Uelzen)
in Richtung Schmölau
(Sachsen-Anhalt).

1982 und 2021:
Blick auf Hanum; davor eine DDR-Grenzmauer der 3. Generation (aus Betonfertigteilen mit Rohrauflage). An Stellen, die sich für »Republikfluchten« eigneten, errichteten die Grenztruppen als letztes DDR-Sperrelement solche Mauern statt der üblichen Metallgitterzäune (Grenzzaun I), auch um Ost-West-Blickkontakte zu verhindern. Inzwischen ist die Sicht auf Hanum (Sachsen-Anhalt) aus Richtung Zasenbeck (Niedersachsen) wieder frei.

1984 und 2013: Wittingen (Niedersachen) und Waddekath (Sachsen-Anhalt) verbindet wieder eine Straße.

1982 und 2009:
Jugendliche an der deutsch-deutschen Grenze in Zicherie (Niedersachsen) mit Blickrichtung nach Böckwitz (DDR-Bezirk Magdeburg). Inzwischen ist die direkte Straßenverbindung nach Böckwitz wieder hergestellt. Zicherie und Böckwitz verstanden sich bis zur Teilung als »Doppeldorf«, und seit der deutschen Einheit sind sie das auch wieder. Nach der ersten Euphorie zeigten sich hier wie überall auf Grund der 40-jährigen Zugehörigkeit zu unterschiedlichen politischen Systemen deutliche Mentalitätsunterschiede. Der westdeutsche Journalist Heinrich Thies 2005: »Wie ein Mikrokosmos spiegelt das Doppeldorf Zicherie-Böckwitz die Problematik und menschliche Tragik der deutschen Teilung und Wiedervereinigung.« Nach der Einheit: Marsch des (gemeinsamen) Schützenvereins Zicherie-Böckwitz.

1982 und 2013: An dieser Stelle zwischen Zicherie und Kaiserwinkel (Niedersachsen) wurde am 12. Oktober 1961 der Dortmunder Journalist Kurt Lichtenstein erschossen. Er war nach 1945 Gründungsmitglied der KPD in Nordrhein-Westfalen und hatte im Spanischen Bürgerkrieg sowie im französischen Widerstand gegen die Faschisten und die deutschen Besatzer gekämpft. Im Zuge von stalinistischen innerparteilichen Säuberungen war er 1950 aus der KPD ausgeschlossen worden und arbeitete danach für die »Westfälische Rundschau«, die ihn im Oktober 1961 an die deutsch-deutsche Grenze schickte, an der er das Gespräch mit Soldaten der NVA-Grenztruppen suchte. Diese fassten offenbar seinen Kontaktversuch als Provokation auf und erschossen ihn. Heute ist das »Lichtenstein-Kreuz« Teil des »Grenzlehrpfades Böckwitz-Zicherie«.

1982 und 2013:
An der Bahnstrecke Wolfsburg–Berlin bei Oebisfelde (DDR-Bezirk Magdeburg), aufgenommen aus Richtung Grafhorst (Niedersachsen), standen einst drei Türme, wovon zum Glück nur der Kirchturm überlebt hat.

1984 und 2021:
Grenzmauer und Führungsstelle bei Oebisfelde (DDR-Bezirk Magdeburg), aufgenommen bei Büstedt (Niedersachsen). Die Grenzanlagen sind inzwischen verschwunden, der historische Turm ist rekonstruiert worden.

1982 und 2013:
Reste eines schon im Jahre 1945 ausgebrannten Omnibusanhängers als »Grenzhindernis« an der damaligen Reichsstraße 1 (heute: Bundesstraße 1), die seinerzeit von Aachen über Berlin bis Königsberg führte, bei Helmstedt (Niedersachsen). Das Buswrack nördlich des Grenzübergangs war bis in die 1950er Jahre Orientierungspunkt für Flüchtlinge aus der SBZ/DDR. Heute ist an der B 1 in Fahrtrichtung Morsleben (Sachsen-Anhalt) in der Nähe der Auffahrt zur BAB 2 alles neu gestaltet.

1982 und 2013:
Vor der DDR-Grenzübergangsstelle Marienborn (Autobahn) stand unmittelbar an der innerdeutschen Grenze ein Beobachtungsturm der DDR-Grenztruppen, der bis heute erhalten geblieben ist. Das Verkehrsaufkommen im sogenannten Spezifischen Transit (Berlin-Transit) im Jahre 1988 lag bei mehr als 5,6 Millionen PKW, 100 000 LKW und 84 000 Bussen; rund Zweidrittel dieser Bewegungen gingen über die GÜSt Marienborn. Heute befindet sich der »Rasthof Marienborn« auf dem Gelände der früheren DDR-GÜSt. Rechts ist die alte Beobachtungsstelle zu sehen. Im Kernbereich der ehemaligen GÜSt Marienborn ist seit 1996 die Gedenkstätte »Deutsche Teilung« angesiedelt, die seit 2007 zur Gedenkstättenstiftung des Landes Sachsen-Anhalt gehört.

1982 und 2021:
Hötensleben (DDR-Bezirk Magdeburg; Kreis Oschersleben).

1982 und 2013: Grenzverlauf am Fastweg bei Hornburg (Niedersachsen) in Richtung Rhoden und Höhenzug »Großer Fallstein« (DDR-Bezirk Magdeburg; Kreis Halberstadt). Gut zu erkennen: Grenzzaun I, Höckersperre, Kontrollstreifen (Spurensicherung), Kolonnenweg, Wachturm BT-11.

1982 und 2013:
An der ehemaligen »Staatsgrenze West« der DDR bei Vienenburg nahe Wiedelah in Richtung Suderode (DDR-Bezirk Magdeburg; Kreis Halberstadt) findet sich heute »Kunst am Grünen Band«.

1984 und 2013: Diese Häuser von Stapelburg lagen im 500-m-Schutzstreifen unmittelbar an der innerdeutschen Grenze, weshalb die DDR-Grenzsicherung mit Wachturm BT-11, Mauer, Zäunen und nächtlicher Beleuchtung erfolgte. Die Grenzsperranlagen sind inzwischen verschwunden, und das Haus (Bildmitte) im ehemaligen Schutzstreifen wurde modernisiert. Links die Erinnerungstafel an Teilung und Grenzöffnung 1989/90. Stapelburg (Sachsen-Anhalt) liegt östlich von Eckertal an der jetzt ausgebauten B 6 von Goslar und Bad Harzburg nach Wernigerode.

1982 und 2013: Eisenbahn-Gleisreste an der stillgelegten Strecke Stapelburg–Eckertal, die früher von Wernigerode über Ilsenburg nach Bad Harzburg führte.

1982 und 2013: Sperrzaun an der deutsch-deutschen Grenze auf der Staumauer der Eckertalsperre. Zuvor hatte an dieser Stelle bis 1977 eine Mauer gestanden. Der von 1940 bis 1942 errichtete Eckerstausee diente der Trinkwasserversorgung des wasserarmen Harzvorlandes. Während der deutschen Teilung gehörte der östliche Stausee zur DDR. Die Dammkrone der Staumauer war nur zu rund zwei Dritteln vom Westen aus zugänglich, auch die Fernwasserleitung befand sich zum Teil auf DDR-Gebiet. Nach Abschluss des Grundlagenvertrages zwischen der BRD und DDR 1972 gelang es erst nach langwierigen Verhandlungen, im Jahre 1978 zu einer Regierungsvereinbarung zu kommen, die den westdeutschen Harzwasserwerken eine regelmäßige und umfassende Unterhaltung der Eckertalsperre und der Eckerfernwasserleitung ermöglichte. Seit der Einheit ist die Dammkrone für Spaziergänger wieder frei. Links eine alte DDR-Grenzsäule. Der Stausee versorgt unter anderem die Städte Braunschweig und Wolfsburg mit Trinkwasser. Durch den Stausee läuft heute die Landesgrenze zwischen Niedersachsen und Sachsen-Anhalt.

1984 und 2015:
Der Brocken im Harz (1141 m), war seinerzeit militärisches Sperr- und Grenzgebiet, von einem Metallgitterzaun und ab 1977 von einer Mauer umgeben. Auf dem Gelände befanden sich Objekte und Einrichtungen der Grenztruppen der DDR, der Sowjetarmee, der NVA-Luftstreitkräfte und Luftverteidigung sowie der Militäraufklärung, Randome des MfS zum Abhören des westlichen Funkverkehrs und der Telefonate zwischen der BRD und West-Berlin, DDR-Rundfunk- und Fernsehanlagen der Deutschen Post (die großen Sendemasten), ein Sonderobjekt der Richtfunkübertragungsstelle der Deutschen Post (SED-eigenes Richtfunknetz) und eine Wetterwarte.

1982 und 2013:
Auf dem Grenzverlauf am Wurmberg mit Blickrichtung Brocken befindet sich heute ein Wanderweg.

1982 und 2014:
Der Grenzverlauf bei Zorge (Harz) in Richtung der Siedlung Uhdenberg führte mitten durch eine Eiche, woran noch heute die alte DDR-Grenzsäule erinnert.

1982 und 2012: Grenzverlauf an der Eisenbahn-GÜSt Ellrich (Bezirk Erfurt, Kreis Nordhausen). Dieser Grenzübergang von Walkenried (BRD, Südniedersachsen) nach Ellrich (DDR) war nur für den Güterverkehr zugelassen. Hinter dem Grenzzaun sind »Beschauerbrücke« der DDR-Grenztruppen mit den Wachhäuschen und Fahrdienstleitergebäude der Reichsbahn bzw. des Bahnhofs zu erkennen. Seit November 1989 gibt es auf der Strecke auch wieder Personenverkehr.

1982 und 2013: Grenzverlauf bei Zwinge (DDR-Bezirk Erfurt, Kreis Worbis), Blick aus Richtung Brochthausen (Südniedersachsen). Im Hintergrund ein Wachturm BT-11 und eine Ziegelei. Heute befindet sich auf dem Gelände bei Zwinge (Thüringen) eine Solaranlage.

1982 und 2015:
Der ehemalige Grenzverlauf bei Ecklingerode (DDR-Bezirk Erfurt, Kreis Worbis), aus Richtung Duderstadt gesehen.

1982 und 2013:
Die B 247 in Richtung DDR-GÜSt Worbis (die in Teistungen lag), fotografiert von Duderstadt aus (Südniedersachsen/Eichsfeld). Heute befindet sich auf dem Gelände der früheren GÜSt das »Grenzlandmuseum Eichsfeld« mit einer Bildungsstätte, rechts im Bild zu erkennen.

Hessen/Thüringen

Die östliche Landesgrenze Hessens zur DDR hatte eine Länge von 270 km und war damit lediglich halb so lang, wie die von Niedersachsen zum Osten. Sie reichte von Friedland (Niedersachsen) bzw. dem nordhessischen Kreis Eschwege bis an die bayerische Landesgrenze in der Rhön im Süden. An der Grenze Hessens zur DDR befanden sich nur zwei Grenzübergänge: der Autobahn-Grenzübergang (BAB 4) Herleshausen – Wartha und der Eisenbahnübergang Bebra (Obersuhl) – Eisenach (Gerstungen), die beide für den Transit nach und von Berlin (West), ins östliche Ausland und für den grenznahen Verkehr zugelassen waren. Zu diesen zwei hessischen Übergängen in die DDR kamen schon bis April 1990 mehr als ein Dutzend neue hinzu. Nach der Einheit baute der Bund die BAB 4 aus, und die Unterbrechung der Strecke bei Herleshausen (der »Thüringer Zipfel«) konnte beseitigt werden, was auch erforderlich war, denn das Verkehrsaufkommen stieg z. B. im BAB-Abschnitt Bad Hersfeld – Eisenach nach der Grenzöffnung um 500 Prozent. Aus der DDR-GÜSt Wartha (bei Eisenach) wurde später eine Autobahn-Raststätte. Im grenznahen Eisenach selbst, früher Produktionsort des DDR-PKW »Wartburg«, ließ sich bald die OPEL AG nieder und schuf dort moderne Arbeitsplätze.

1987: Tierquälerei pur: DDR-Hundelaufanlage bei Großensee (Kreis Eisenach, DDR-Bezirk Erfurt).

1987:
Ein DDR-Grenzaufklärer hinter einem westlichen Grenzschild des BGS.

1982 und 2010:
Vor dem DDR-Grenzzaun I (Metallgitterzaun) patrouillieren drei Grenzaufklärer. Im Hintergrund die Umrisse der Burgruine Hanstein (DDR-Bezirk Erfurt), gesehen aus Richtung Neuseesen (Nordhessen).

1984 und 2015:
Verlauf der innerdeutschen Grenze am Berg Junkerkuppe bei Lindewerra (DDR-Bezirk Erfurt), aufgenommen aus Richtung Oberrieden (Nordhessen). Inzwischen hat die Natur fast alle landschaftlichen Wunden der Teilung zugedeckt.

1984 und 2006:
Blick von Oberrieden (Hessen) nach Lindewerra (Thüringen), wohin inzwischen eine moderne Brücke über die Werra führt.

1984 und 2005:
Wahlhausen an der Werra (DDR-Bezirk Erfurt) umgeben von zwei Grenzzäunen. Heute trennt die Werra nur noch zwei Bundesländer.

1984 und 2010: Grenzverlauf an der Werra in Wahlhausen. Links im oberen Bild am Haus ein »Vogelnest« der DDR-Organe zur Beobachtung von möglichen Grenzverletzungen. Auf den Ort erfolgte angeblich im August 1989 ein Schusswaffenangriff aus dem Westen, den die amtliche DDR propagandistisch groß herausstellte. In Wahrheit sollen MfS-Kräfte in einer nächtlichen Aktion von der westlichen Werraseite aus am Ostufer liegende Häuser Wahlhausens beschossen haben, um von eigenen aktuellen Problemen (Fluchtbewegung/Botschaftsbesetzungen durch DDR-Bürger) abzulenken.

1987:
Bild-Text-Tafel zur Erinnerung an Heinz-Josef Große, der 1982 von DDR-Grenzsoldaten bei seiner versuchten »Republikflucht« erschossen wurde. In der Gedenkstätte/Grenzmuseum »Schifflersgrund« in Asbach-Sickenberg wird seiner besonders gedacht, weil er damals in der Nähe des heutigen Grenzmuseums ums Leben kam. An dieser Stelle befinden sich heute Gedenkkreuze für Heinz-Josef Große, der in seiner Heimatgemeinde Thalwenden (Bezirk Erfurt, Kreis Heiligenstadt) beerdigt wurde.

1984 und 2013:
Auf dem Grenzstreifen bei Asbach (DDR-Bezirk Erfurt, Kreis Heiligenstadt) befindet sich heute ein Fußballfeld.

1982 und 2013: DDR-Grenzaufklärer, die sich bei westlichen Fotoaufnahmen abzuwenden hatten, in der Nähe der heutigen B 249 zwischen Wanfried (Hessen) und Katharinenberg (DDR-Bezirk Erfurt, Kreis Mühlhausen).

1985 und 2005: Großburschla (DDR-Grenzkreis Eisenach; Bezirk Erfurt) war (und ist) zu etwa 90 Prozent vom hessischen Gebiet umschlossen und stellte bis 1989 »hohe Anforderungen« an die DDR-Grenzsicherungskräfte zur Verhinderung von Fluchten. Seit 1994 ist Großburschla Stadtteil von Treffurt im Wartburgkreis (Thüringen).

1982 und 2013:
Grenzanlagen bei Treffurt und Straße in Richtung der Stadt im Wartburgkreis des Freistaates Thüringen.

1985 und 2013: Innerdeutsche Grenze bei Marienhof (Hessen) mit Blickrichtung Großburschla (DDR-Bezirk Erfurt, Kreis Eisenach).
Heute hat auch hier die Natur ihren Mantel über die Vergangenheit gedeckt. Das »Grüne Band« am ehemaligen Kolonnenweg der DDR-Grenztruppen, durchgängig angelegt an der gesamten früheren deutsch-deutschen Grenze, ist auf diesem Foto besonders gut zu erkennen.

1982 und 2010: Grenzziehung und Ende der B 7 in der Nähe von Rittmannshausen (Hessen) und von Ifta (DDR-Bezirk Erfurt, Kreis Eisenach), wo heute wieder der Verkehr rollt.

1984 und 2017:
Bahngleise bei Herleshausen (Hessen) in Richtung Wartha (DDR-Bezirk Erfurt, Kreis Eisenach).

1984 und 2010: Grenzanlagen mit Wachturm BT-9 bei Lauchröden (DDR-Bezirk Erfurt, Kreis Eisenach). Im Hintergrund die Brandenburg in der Nähe von Herleshausen (Hessen).

1984 und 2013:
Lauchröden an der Werra mit DDR-Grenzanlagen und neuer Brücke zwischen Thüringen und Hessen.

1982 und 2017:
Am Ortsausgang von Wildeck/Obersuhl (Hessen) endete bis 1990 die Straße in Richtung Gerstungen (DDR-Bezirk Erfurt, Kreis Eisenach).

1984 und 2013: DDR-Grenzanlagen mit Wachturm BT-9 bei Dankmarshausen (Bezirk Erfurt, Kreis Eisenach) aus Richtung Widdershausen (Hessen) aufgenommen.

1982 und 2009:
Der Ort Großensee lag sehr dicht an der Grenzlinie und am westlichen Kleinensee (Hessen). Deshalb trennte hier die Bewohner eine Mauer aus Betonfertigteilen mit Rohrauflage.

1984 und 2013: Wachturm BT-11 und Grenzzaun bei Oberzella (DDR-Bezirk Suhl, Kreis Bad Salzungen).

1984 und 2013:
Bei Philippsthal an der Werra (Hessen) ging die innerdeutsche Grenze mitten durch die Druckerei Hoßfeld; der rechte Flügel musste geräumt werden und wurde erst am 1. Januar 1976 aufgrund von Folgevereinbarungen des deutsch-deutschen Grundlagenvertrages an die Familie zurückgegeben.

1985 und 2013: Zwischen dem hessischen Soisdorf und dem thüringischen Wenigentaft liegt in einem Tal die Buchenmühle. Der Dreiseitenhof mit Wohnhaus und Mühlengebäude lag teilweise in Westen, teilweise aber auch im Osten, wie das Backhaus, der Garten und der Brunnen. Landesgrenze und Demarkationslinie zwischen Hessen (ab 1945: US-Zone) und Thüringen (ab 1945: Sowjetische Zone) gingen mitten durch das Grundstück. Ab Mai 1952 errichtete die Ostseite auf dem Gelände Grenzsperren, später flohen die Bewohner, weil sich die Lebensumstände für sie ständig verschlechterten, in den Westen. Inzwischen ist das Mühlengebäude restauriert und dient Wohnzwecken. Über das Grundstück führt heute der Wanderweg »Grenzlehrpfad Point Alpha«.

1984 und 2010:
Blick auf Grenzanlagen vor Oberweid (DDR-Bezirk Suhl, Kreis Meiningen). Heute verläuft hier die Verbindungsstraße von Simmershausen (Hessen) nach Oberweid (Thüringen).

1982 und 2013:
Am Dreiländereck
zwischen Hessen, Thüringen
und Bayern.

1985:
BGS-Hinweis auf die deutsch-deutsche Grenzlinie mitten auf einem Weg, der aber von Bundesbürgern immerhin benutzt werden durfte (bei Ausweispflicht gegenüber den DDR-Grenzern).

Bayern/Thüringen, Sachsen

Die Landesgrenze von Bayern/Oberfranken zur DDR hatte eine Länge von 422 km und begann in der Rhön oberhalb von Fladungen und endete bei Prex im Dreiländereck (BRD/DDR/ČSSR). Der Freistaat verfügte bis November 1989 nur über drei Grenzübergänge zur DDR: Den Autobahnkontrollpunkt Rudolphstein (BAB 9/Bayern) – Hirschberg (DDR-Bezirk Gera, Kreis Schleiz), über den der Transitverkehr von und nach Berlin (West) sowie die DDR-Einreise lief, und die beiden Straßengrenzübergänge Eußenhausen (B 19/Bayern) – Meiningen (DDR-Bezirk Suhl) und Rottenbach (B 4/Bayern) – Eisfeld (DDR-Bezirk Suhl, Kreis Hildburghausen). Letztere waren erst nach Inkrafttreten des Grundlagenvertrages (1973) in Betrieb genommen worden und dienten in erster Linie dem grenznahen Verkehr.

Darüber hinaus gab es die beiden Eisenbahnübergangsstellen Hof (Bayern) – Gutenfürst (DDR-Bezirk Karl-Marx-Stadt, Kreis Plauen) und Ludwigsstadt (Bayern) – Probstzella (DDR-Bezirk Gera, Kreis Saalfeld). In Hof an der Saale kamen im Herbst 1989 die Reichsbahnzüge mit den DDR-Bürgern (»Botschaftsflüchtlingen«) aus Prag an, die auf Weisung der SED-Führung bei ihrer Ausreise in den Westen, die mit der Bundesregierung vereinbart war, aus vorgeblichen Souveränitätsgründen über das Territorium der DDR ins oberfränkische Hof geleitet wurden.

Nördlich von Hof, bei Töpen, wurde vor 1989/90 das kleine Dorf Mödlareuth als »Little Berlin« über Deutschland hinaus bekannt, weil Mitte der 1960er Jahre DDR-Grenztruppen durch den Ort eine Mauer nach Berliner Muster zogen, die den bayerisch-fränkischen Teil der Gemeinde vom Thüringer Teil völlig abschottete.

Zur Grenzüberwachung unterhielt der Freistaat Bayern als einziges Bundesland seit 1945 eine eigene Grenzpolizei, die – zusammen mit dem Bundesgrenzschutz, dem Zoll und der US-Armee – auch für die Landesgrenze zur DDR zuständig war.

1984:
Die Mauer von Görsdorf, ein Typ der 3. Mauergeneration, bestehend aus Betonfertigteilen und einer Rohrauflage. Grenzmauern (statt der üblichen Grenzzäune I/Metallgitterzäune) wurden in der Regel von den DDR-Grenztruppen nur an den Stellen gezogen, an denen die Besiedlung besonders nahe an die innerdeutsche Grenzlinie heranreichte.

1987:
DDR-Autobahn-Grenz-übergangsstelle Hirschberg–Rudolphstein an der damaligen Transit-Autobahn München–Berlin.

1984 und 2007: Grenzverlauf bei Frankenheim (DDR-Bezirk Suhl, Kreis Meiningen), gesehen von Leubach (Bayern) aus.

1984 und 2017: Grenzzaun bei Melpers (DDR-Bezirk Suhl, Kreis Meiningen), gesehen aus Richtung Fladungen (Bayern) an der B 285.

1984 und 2013: Grenzverlauf bei Mühlfeld (Bayern) mit Blickrichtung Berkach (DDR-Bezirk Suhl, Kreis Meiningen), Blick von der Berkacher Straße aus.

1982 und 2013:
Ende der Verbindungsstraße von Irmelshausen (Bayern) nach Mendhausen (DDR-Bezirk Suhl, Kreis Meiningen) an der Landesgrenze Bayerns zur DDR, wo heute wieder eine durchgehende Straße verläuft.

1982 und 2013:
Am früheren Ende der Bundesrepublik bei Adelshausen (DDR-Bezirk Suhl, Kreis Hildburghausen) verläuft heute die Verbindungsstraße nach Hildburghausen, aus Richtung Bad Rodach (Bayern).

1984 und 2013:
Blick von der Landesgrenze bei Rottenbach (Bayern) in Richtung Eisfeld (Bezirk Suhl, Kreis Hildburghausen) an der B 4. Unweit davon entfernt befand sich der Grenzübergang zur DDR. Die ursprünglich breite Grenzschneise ist heute weitgehend zugewachsen.

1983 und 2013: Zur früheren Grenzübergangsstelle Eisfeld (Thüringen) führt heute die B 4 von Rottenbach (Bayern). Rechts eine neuere Erinnerungstafel an das früher geteilte Deutschland und Europa.

1984 und 2010:
Grenzschneise bei Görsdorf (Bezirk Suhl, Kreis Sonneberg). Heute deckt ein »Grünes Band« den ursprünglich gerodeten Grenzverlauf zu.

1984 und 2010:
Am Hönbacher Friedhof an der Wildenheider Straße bei Sonneberg (DDR-Bezirk Suhl) verlief früher die Grenze. Aufnahme aus Richtung Neustadt bei Coburg (Bayern).

1985 und 2013:
Hier endete vor der DDR-Grenze damals die Sonneberger Straße von Neustadt bei Coburg. Heute befindet sich an gleicher Stelle eine lebhafte Straße.

1984 und 2013: Blick von Neustadt (bei Coburg) auf Sonneberg (Bezirk Suhl). Vorn im Bild der DDR-Grenzzaun I (Metallgitterzaun). Auch hier ist auf und an der früheren Grenzlinie am Kolonnenweg der DDR-Grenztruppen ein Grüngürtel entstanden.

1982 und 2014: Heinersdorf (DDR-Bezirk Suhl, Kreis Sonneberg). Heute befinden sich im ehemaligen Grenzstreifen Fotovoltaikanlagen.

1984 und 2013: Die damals eingleisige Bahnstrecke bei Falkenstein ist inzwischen ausgebaut worden. Daneben befindet sich heute die B 85 nach Probstzella (Thüringen) oder Ludwigsstadt (Bayern). Probstzella, früher DDR-Bezirk Gera, Kreis Saalfeld, war bis 1989/90 DDR-Grenzbahnhof (Eisenbahn-GÜSt). Seit 2010 ist im Bahnhofsgebäude ein »Museum DDR-Grenzbahnhof« zu finden.

1984 und 2013:
Vom Westen abgeschottet: Blankenstein an der Saale (DDR-Bezirk Gera, Kreis Lobenstein). Heute beginnt hier der Rennsteig-Wanderweg.

1982 und 2010: Grenze am Autobahngrenzübergang Rudolphstein (BAB 9) – Hirschberg (DDR). Über diese Strecke lief, neben der Einreise in die DDR, ein Großteil des Transits München – Berlin (West).

1985 und 2013:
Bei Hirschberg (DDR-Bezirk Gera, Kreis Schleiz) war jede Weiterfahrt unmöglich. Inzwischen ist die Straße von Untertiefengrün (Bayern) nach Hirschberg (Thüringen) wieder frei.

1982 und 2013: In Mödlareuth wurde im April 1966 mit der Aufstellung einer 700 m langen Mauer nach Berliner Muster begonnen, die das kleine Dorf 23 Jahre lang teilte. Schon zuvor verwehrten hohe Bretterzäune die Kontakte zwischen den Bewohnern der beiden Ortsteile. Verwaltungstechnisch gehört auch nach der Wiedervereinigung die eine Hälfte des Dorfes zum Freistaat Bayern, die andere zum Freistaat Thüringen, aber das früher verordnete Trennende des 50-Seelen-Dorfes ist seit Ende 1989 Vergangenheit. Heute befindet sich auf dem Freigelände des Deutsch-Deutschen Museums in Mödlareuth eine Gedenktafel.

1984 und 2010:
Blick auf die Grenzanlage bei Posseck (DDR-Bezirk Karl-Marx-Stadt, Kreis Oelsnitz), fotografiert aus Richtung Nentschau (Bayern).

1982 und 2007: Totes Autobahnteilstück in Richtung Plauen (DDR-Bezirk Karl-Marx-Stadt) bei Trogen (Bayern). Heute verläuft hier die BAB 72, Blick in Fahrtrichtung Plauen–Chemnitz bei Heinersgrün (Sachsen).

1982 und 2013:
Am Dreiländereck in der Nähe von Prex (Bayern) trafen sich seinerzeit die Grenzen von DDR, BRD und ČSSR. (Die DDR-Grenzanlagen befinden sich außerhalb des Bildes.) Heute finden sich hier noch die Grenzschilder des Freistaates Bayern und der Tschechischen Republik.

Berlin / Brandenburg

Berlin, seit 1945 von den alliierten Siegermächten über Deutschland in vier Sektoren aufgeteilt, war bis 1989 ein deutlicher Hinweis darauf, dass die Verhältnisse in Deutschland und Europa nicht als normal, sondern nur als provisorisch angesehen werden konnten: Mitten durch die Stadt zog sich ab August 1961 eine Mauer, die in mehreren Schritten immer wieder modernisiert und vervollständigt wurde – und mit ihr das Grenzsicherungssystem um Berlin (West). Das alles sollte den »ungesetzlichen Grenzübertritt« von Bürgern der DDR und Ost-Berlins in den Westen verhindern. Deshalb schoss man auch entsprechend den geltenden Schusswaffengebrauchsbestimmungen an der Grenze zu den drei Westsektoren Berlins bis ins Frühjahr 1989 auf »Republikflüchtige«. Die Gesamtlänge der Grenze Ost-Berlins und der DDR zu Berlin (West) betrug etwa 160 km. Rund um West-Berlin standen rund 11 000 Angehörige der DDR-Grenztruppen und achteten darauf, dass ihnen die eigenen Bürger nicht wegliefen. Mit dem Vier-Mächte-Abkommen über Berlin vom September 1971 und den deutsch-deutschen Folgeverträgen konnte der Status von Berlin (West) gesichert werden, vor allem durch den nun vertraglich garantierten Transit von und nach West-Berlin. Seinerzeit galt das als großer Erfolg, denn an eine deutsche Wiedervereinigung und damit auch an die Einheit Berlins wagte damals kaum jemand zu denken. Mit der Machtübernahme durch Michail Gorbatschow in der KPdSU-Führung im Jahre 1985 und durch den zunehmenden Ausreisedruck sowie die anwachsende Protestbewegung sollte sich die Situation dann 1989 grundsätzlich ändern.

1982: Grenzübergangsstelle Heinrich-Heine-Straße / Prinzenstraße.

1980er Jahre:
Sprayer an der »Panzermauer« vor dem Brandenburger Tor. Keine gute Werbung für die DDR und ihre Grenzanlagen.

1982 und 2010:
Blankenfelder Chaussee im Ortsteil Lübars im Norden West-Berlins.

1984 und 2013:
Der sogenannte Entenschnabel. Die Stichstraße »Am Sandkrug« (DDR-Bezirk Potsdam, Kreis Oranienburg) ragte in der Form eines Entenkopfes mit Schnabel in den Norden West-Berlins hinein und wurde nach drei Seiten mit einer Mauer vom Westen »abgesichert«. Inzwischen ist der Grenzstreifen neu bebaut.

1982 und 2013:
Berlin-Reinickendorf:
Am S-Bahnhof Wilhelmsruh
ist die Kopenhagener Straße
wieder frei passierbar.

1982 und 2011:
Blick von Westen aus in Richtung Grenzübergangsstelle Bornholmer Straße, Pankow, Weißensee, Prenzlauer Berg. Zugelassen war der Übergang für Wechselverkehr von DDR-Bürgern, Einwohnern von Berlin (West) und der BRD mit und ohne PKW.

1982 und 2008:
Kreuzung Bernauer Straße,
Eberswalder Straße, Ecke
Oderberger Straße.

1982 und 2012:
Bernauer Straße mit Blickrichtung Osten, Beobachtungsturm und Egon-Schultz-Straße (benannt nach einem ums Leben gekommenen Grenzsoldaten). Heute heißt die Egon-Schultz-Straße wieder durchgehend Strelitzer Straße.

1982 und 2012:
Die Mauer an der Bernauer Straße, dahinter die Evangelische Versöhnungskirche, die im Schutzstreifen lag und im Januar 1985 gesprengt wurde, um freies Sicht- und Schussfeld für die DDR-Grenzsoldaten zu schaffen. 1999/2000 entstand auf den Fundamenten der gesprengten Versöhnungskirche die »Kapelle der Versöhnung«. Hier wird in öffentlichen, kurzen Andachten von Dienstag bis Freitag um 12 Uhr an die nachweislich 136 Grenztoten der Berliner Mauer erinnert.

1982 und 2012:
PKW-Parkplatz auf der West-Berliner Seite vor der Mauer an der Bernauer Straße. Heute befindet sich an der Stelle der abgerissenen Mauer eine symbolische Mauer aus Stahlstangen auf dem Gelände der Gedenkstätte Berliner Mauer.

1986 und 2013:
Die Grenzübergangsstelle Chausseestraße war zugelassen für den Wechselverkehr von DDR-Bürgern und Einwohnern von Berlin (West) mit und ohne PKW. Heute fließt der Verkehr.

1982 und 2016:
Zufahrt zur GÜSt Invalidenstraße in Richtung Berlin-Mitte oder Prenzlauer Berg.
Im Gebäude links befindet sich heute das Ministerium für Wirtschaft und Energie.

1985 und 2013:
Am Reichstag an der Spree.
Am Ostufer: DDR-Grenzboot auf Beobachtungsposition. 2003 entstand dort das Marie-Elisabeth-Lüders-Haus als Informations- und Dienstleistungszentrum des Bundestages.

1982 und 2012:
Mauerkreuze in der Nähe des Spreeufers am Reichstag erinnern an die Mauertoten. Fahrradfahrer vor dem im Boden eingelassenen Mauererinnerungsstreifen.

1985 und 2013: Die »Grenzmauer 75« mit einem modernen, ansehnlich verkleideten Beobachtungsturm der DDR-Grenztruppen an der Ebertstraße in der Nähe des Brandenburger Tores gibt es nicht mehr.

11. November 1989 und 2013: Am Pariser Platz vor dem Brandenburger Tor sichern zwei Tage nach der Mauer- und Grenzöffnung DDR-Grenzsoldaten, darunter Offiziersschüler der Suhler Offiziershochschule, das Gelände und verwehren an dieser Stelle den Zutritt und Durchgang von Ost-Berlin aus. Heute präsentieren sich am Pariser Platz verkleidete Nostalgiker oder Komiker mit DDR-Fahnen.

1984 und 2015:
Das Brandenburger Tor aus
Richtung Westen.

1984 und 2012: Brandenburger Tor auf West-Berliner Seite mit der Panzermauer davor; im Hintergrund der Reichstag, der inzwischen eine gläserne Kuppel erhalten hat.

1984 und 2012: Am Potsdamer Platz mit »Grenzmauer 75« und der DDR-Hinterlandsicherungsmauer (mit hellem Anstrich) auf der anderen Seite des »Niemandslandes« vor der Silhouette von Ost-Berlin. Dies ist inzwischen einer der verkehrsreichsten Plätze der Hauptstadt.

1982 und 2012:
Potsdamer Platz mit Grenzmauer, Höckersperren und Wachturm. Heute ist hier eine völlig andere Welt entstanden.

1984 und 2013:
Mauer an der Stresemannstraße mit Wachturm BT-9.
Inzwischen entstand hier die neue Erna-Berger-Straße.

1982 und 2013:
DDR-Grenzanlagen aus Richtung Köthener Straße/Stresemannstraße fotografiert. An gleicher Stelle wurde das Bundesministerium für Umwelt, Naturschutz, Bau und Reaktorsicherheit (BMU) errichtet.

1982 und 2012:
Blick in die Stresemannstraße,
Ecke Niederkirchnerstraße.

1984 und 2016:
Der ehemalige Preußische Landtag an der Niederkirchnerstraße beherbergt heute das Berliner Abgeordnetenhaus.

1982 und 2012: Zimmerstraße in Berlin-Mitte. Am gleichen Ort können sich heute Nostalgiker DDR-Autos der Marke »Trabant« mieten.

1982 und 2012: Aussichtsplattform am »Checkpoint Charlie« mit Blickrichtung Übergangsstelle Friedrichstraße. An diesem historischen Ort soll ein Museum des Kalten Krieges entstehen.

11. November 1989 und 2012: Nach der Grenzöffnung strömen DDR-Bürger über die GÜSt Friedrichstraße/»Checkpoint Charlie« in den Westen. Heute herrscht Andrang von Touristen aus aller Welt.

1982 und 2012: Charlottenstraße/Ecke Zimmerstraße mit Blick auf die Mauer und Gebäude in Ost-Berlin; im Hintergrund Wohnhochhäuser an der Leipziger Straße. Heute ist das gesamte Areal parallel zur Friedrichstraße dicht bebaut.

1984 und 2012: Gedenkstätte für Peter Fechter, der am 17. August 1962 in der Nähe des Grenzübergangs Friedrichstraße/ »Checkpoint Charlie« in Höhe Zimmerstraße/Charlottenstraße von DDR-Grenzpolizisten der 1. Grenzbrigade (Berlin) angeschossen wurde. Der 18-Jährige lag dann schwer verletzt fast eine Stunde unversorgt direkt an der Ostseite der Mauer. Angeblich konnten sich die beteiligten DDR-Grenzsicherungskräfte über seine Bergung unter den Augen des »Klassenfeindes« nicht einigen. Als er endlich von Grenzpolizisten abtransportiert wurde, kam die Hilfe zu spät: Peter Fechter starb kurz darauf im Ost-Berliner Volkspolizei-Krankenhaus. Augenzeugen auf der Ost-Berliner Seite und West-Berliner Beobachter zeigten sich über den Vorgang entsetzt. Heute erinnert an das Grenzopfer Peter Fechter eine schlichte Stele.

1987 und 2006:
Eingangstor zum Grenzübergang Oberbaumbrücke (Blick in Richtung DDR-Beobachtungsturm und Warschauer Straße). Zugelassen war er für DDR-Bürger und Einwohner West-Berlins, allerdings nur für Fußgänger. Inzwischen fließt wieder der Verkehr über die Spree, sowohl von Fußgängern als auch von Fahrzeugen.

1984 und 2013: Berliner Grenzübergang Prinzenstraße/ Heinrich-Heine-Straße. Seit Jahrzehnten gibt es wieder »Freie Fahrt« für alle.

1982 und 2012:
Der Berliner Grenzübergang Sonnenallee (Blick in Richtung Johannisthal, Stadtbezirk Treptow) war zugelassen für den Wechselverkehr von DDR-Bürgern und Einwohnern von Berlin (West) mit und ohne PKW. Heute rollt der Verkehr von Treptow nach Neukölln und umgekehrt.

1982 und 2012:
Der Grenzübergang Schönefeld war zugelassen für den Wechselverkehr von Einwohnern West-Berlins zum DDR-Flughafen Berlin-Schönefeld (auch Busverkehr) und den Transit von Personen und Luftfracht zwischen dem Flughafen und West-Berlin. Heute kann man ohne Unterbrechung von Berlin-Rudow auf der Waltersdorfer Chaussee in Richtung Schönefeld und zum Hauptstadtflughafen Berlin-Brandenburg »Willy Brandt« fahren.

1982 und 2016: DDR-Wassergrenzübergangsstelle Dreilinden am Teltowkanal für Binnenschiffe, zugelassen für den Wechsel- und Transitverkehr von Gütern.

1982 und 2010: Die Berliner Exklave Steinstücken am Südzipfel des West-Berliner Ortsteils Wannsee (heute: Bezirk Steglitz-Zehlendorf), war von einer DDR-Grenzmauer umgeben. Auf Grund des Vier-Mächte-Abkommens über Berlin von 1971 und Folgeabkommen zwischen West-Berlin und der DDR (Gebietsaustausch) verband ab 1972 ein »Korridor« zwischen Steinstücken und Kohlhasenbrück die Exklave mit West-Berlin. Heute erinnert nichts mehr an die einst gespenstische Situation.

1982 und 2010:
Grenze von West-Berlin (Stadtbezirk Zehlendorf) zu Potsdam-Babelsberg an der Straße »Am Waldrand« (Ost), aufgenommen aus Richtung »Roedenbecksteig« (Straße auf West-Berliner Gebiet).

1982 und 2016: Blick auf den Ostteil der Glienicker Brücke von West-Berlin nach Potsdam über die Havel, die die DDR als »Brücke der Einheit« bezeichnete, obwohl sie diesem Anspruch nicht gerecht wurde. Seit 1952 war sie für den Autoverkehr, ab 1953 für alle Bürger gesperrt. Nur die alliierten Angehörigen der Militärmissionen konnten sie benutzen. Von den 1960er bis 1980er Jahren fanden hier spektakuläre Agentenaustausche zwischen den beiden Militärblöcken statt. Die Grenzlinie DDR – West-Berlin verlief in der Mitte der Brücke. Heute rollt der Verkehr zwischen Berlin (Stadtbezirk Steglitz-Zehlendorf, Ortsteil Wannsee) und Potsdam (Ortsteil Berliner Vorstadt) über die Brücke, auf der in der Mitte nun die Landesgrenze Berlin – Brandenburg verläuft (sichtbar gemacht durch unterschiedliche Grüntöne im Anstrich).

1982 und 2016:
Blick auf die Heilandskirche Potsdam Sacrow an der Havel, durch die die Grenze zu West-Berlin lief. Nach dem Bau der Berliner Mauer 1961 ließen die Verantwortlichen der DDR das im unmittelbaren Grenzgebiet gelegene Gotteshaus verfallen; erst ab 1984/85 konnte das Äußere der Kirche auf Initiative von Richard von Weizsäcker wiederhergestellt werden. Am Heiligen Abend 1989 fand erstmals seit 1961 hier wieder ein Gottesdienst statt, 1995 wurde die Restaurierung des Innenraumes abgeschlossen. Die Sacrower Kirche gehört seit 1990 als Teil der Potsdamer Havellandschaft zum Weltkulturerbe der UNESCO.

November 1989:
Freudenfeste nach Öffnung der Mauer in Berlin und an der innerdeutschen Grenze.

November 1989: Jugendliche als »Mauerspechte«.

2012:
Gedenken: Segment der DDR-»Grenzmauer 75« am Potsdamer Platz in Berlin-Mitte.

2012:
Gedenkstätte Berliner Mauer: Original und symbolische »Nachzeichnung« der Grenzmauer an der Bernauer Straße.

2008:
Ehemalige Führungsstelle (4 mal 4 m) der DDR-Grenztruppen südlich von Lübbow an der B 248 von Lüchow (Niedersachsen) nach Salzwedel (Sachsen-Anhalt), versehen mit dem Spruch: »Hier wächst zusammen, was zusammengehört« (frei nach Willy Brandt/1989).

Anhang

Quellen und Literatur

Bahrmann, Hannes/Links, Christoph (Hrsg.): Am Ziel vorbei. Die deutsche Einheit – Eine Zwischenbilanz, Berlin 2005

Bennewitz, Inge/Potratz, Rainer: Zwangsaussiedlungen an der innerdeutschen Grenze. Analysen und Dokumente, 4. Aufl., Berlin 2012

Bericht der Bundesregierung zum Stand der Aufarbeitung der SED-Diktatur, Berlin 2013

Bundesministerium für Wirtschaft und Energie (Hrsg.): Jahresbericht der Bundesregierung zum Stand der Deutschen Einheit 2014, Berlin 2014

Cornelius, Reiner: Vom Todesstreifen zur Lebenslinie. 7 Bände, hrsg. vom Bund für Umwelt und Naturschutz (BUND). Menschen und Natur am Grünen Band Deutschland, Niederaula 2009 – 2012

Deutsches Nationalkomitee für Denkmalschutz (Hrsg.): Die Berliner Mauer. Vom Sperrwall zum Denkmal. Mit Beiträgen von Winfried Heinemann, Axel Klausmeier, Michael Kubina, Anke Kuhrmann, Jochen Maurer, Leo Schmidt und Manfred Wilke, Bonn 2009

Eckert, Astrid M.: Der andere Mauerfall. Die Öffnung der innerdeutschen Grenze 1989, in: Deutschland Archiv Online, 26. 4. 2013, http://www.bpb.de/158899

Eppelmann, Rainer/Meckel, Markus/Grünbaum, Robert (Hrsg. im Auftrag der Stiftung Aufarbeitung der SED-Diktatur): Das ganze Deutschland. Reportagen zur Einheit, Berlin 2005

Giordano, Ralph: »Hier war ja Schluß«. Was von der deutsch-deutschen Grenze geblieben ist. Mit Fotos von Josef Kaufmann, Hamburg 1996

Hanns Seidel Stiftung (Hrsg.): Gangwon Ilbo Studie/17 Jahre nach der Wiedervereinigung, Teil 1: Herausforderungen, Probleme und Chancen an der ehemaligen innerdeutschen Grenze; Teil 4: Von der Zonenrandförderung zur Standortkonkurrenz von Ost und West. Die wirtschaftliche Lage im Grenzgebiet vor und nach der Wende, München 2007

Hertle, Hans-Hermann: Die Berliner Mauer – Monument des Kalten Krieges, Berlin 2007

Hertle, Hans-Hermann: Die Berliner Mauer, Berlin 2011

Klausmeier, Axel/Schlusche, Günter: Denkmalpflege für die Berliner Mauer. Die Konservierung eines unbequemen Bauwerks, Berlin 2011

Lapp, Peter Joachim: Grenzregime der DDR, Aachen 2013

Leibniz Universität Hannover (Hrsg.): Zukunft der Grenzmuseen, Hannover 2012, www.grenzprojekt.de

Lowin, Yannick: Die Wende im Zonenrandgebiet. Betrachtungen des Mauerfalls in der Stadt Osterode im Harz, in: Deutschland Archiv Online, 17. 5. 2013, http://www.bpb.de/159454

Möller, Frank: Geschichte und Gedächtnis. Zur Sicherung und Bewahrung der Erinnerungskultur entlang der ehemaligen innerdeutschen Grenze, in: Heimat THÜRINGEN, hrsg. vom Heimatbund Thüringen, Weimar, 16 (2009) 4, S. 3 – 23

Niedersächsisches Institut für Wirtschaftsforschung/Institut für Regionalforschung (Hrsg.): Struktur- und Entwicklungsprobleme von niedersächsischen Städten im ehemaligen Zonenrandgebiet: Duderstadt, Helmstedt und Uelzen, Hannover und Göttingen 2002

Pressedienst des Bundesministeriums des Innern: Tätigkeitsbericht des Bundesgrenzschutzes (BGS) 1989. Bonn, 6. März 1990

Rathje, Wolfgang: »Mauer-Marketing« unter Erich Honecker. Schwierigkeiten der DDR bei der technischen Modernisierung, der volkswirtschaftlichen Kalkulation und der politischen Akzeptanz der Berliner »Staatsgrenze« von 1971 – 1990. Dissertation an der Philosophischen Fakultät der Christian-Albrechts-Universität, Kiel 2001

Raue, Paul-Josef (Hrsg.): Thüringer Grenz-Wege. Schicksale und Geschichten auf dem Kolonnenweg. Thüringen Bibliothek, Band 4, Essen 2011

Ritter, Jürgen/Lapp, Peter Joachim: Die Grenze. Ein deutsches Bauwerk, 9. Aufl., Berlin 2015

Sälter, Gerhard: Der Abbau der Berliner Mauer und noch sichtbare Reste in der Berliner Innenstadt. Hrsg. vom Verein Berliner Mauer. Gedenkstätte und Dokumentationszentrum e. V., Berlin 2004

Schwark, Thomas/Schmiechen-Ackermann, Detlef/Hauptmeyer, Carl-Hans (Hrsg.): Grenzziehungen, Grenzerfahrungen, Grenzüberschreitungen. Die innerdeutsche Grenze 1945 – 1990, Darmstadt 2011

Scherzer, Landolf: Der Grenz-Gänger, Berlin 2005

Ullrich, Maren: Geteilte Ansichten. Erinnerungslandschaft deutsch-deutsche Grenze, Berlin 2006

Zentrum für Zeithistorische Forschung Potsdam und Stiftung Berliner Mauer (Hrsg.): Die Todesopfer an der Berliner Mauer 1961 – 1989. Ein biographisches Handbuch (Projektleiter: Hans-Hermann Hertle/Maria Nooke), Berlin 2009

Register geographischer Namen und Orte

Angaben zu den Autoren

Der Grenzfotograf

Jürgen Ritter, Jahrgang 1949, zuhause in Barum bei Uelzen, ist seit Anfang der 1980er Jahre als Fotojournalist tätig. Im Mittelpunkt seines Interesses stand und steht die Grenze des früher geteilten Deutschlands. In mehr als 40 000 Aufnahmen hat er die DDR-Grenzanlagen und nach der deutschen Einheit die Veränderungen an der ehemaligen Trennungslinie im Bild festgehalten. Ritter sah in der deutschen Teilung immer ein Unrecht, das er nicht widerstandslos hinnehmen wollte; er weigerte sich, die Spaltung des Landes als gegeben zu akzeptieren und das Wiedervereinigungsgebot des Grundgesetzes als überholt anzusehen. »Die Geschichte wird einmal ein vernichtendes Urteil nicht nur über diejenigen fällen, die Unrecht getan haben, sondern auch über die, die dem Unrecht schweigend zugesehen haben« – diese Aussage des SPD-Reichstagsabgeordneten Rudolf Breitscheid, den die Nazis im KZ Buchenwald umbrachten, zitiert Ritter gerne, wenn man ihn nach seiner Motivation fragt, warum er sich dem Thema Grenze verschrieb. Seine Fotoaufnahmen demaskierten die Verantwortlichen in der DDR, die ihren Sozialismus als Humanismus des 20. Jahrhunderts verkauften. Idee und Praxis befanden sich selten in Übereinstimmung, erst recht nicht an der Grenze der DDR zum Westen. Diese richtete sich in erster Linie nicht gegen die angeblich revanchistische Bundesrepublik, sondern gegen die eigenen Bürger. Nahezu alle Grenzsicherungsmaßnahmen waren »freundwärts«, also zur DDR-Seite hin, installiert, um Fluchten aus der DDR in die Bundesrepublik und nach Berlin (West) zu verhindern. Zeitweise waren an der innerdeutschen Grenze Bodenminen und Selbstschussanlagen angebracht, bis ins Frühjahr 1989 war der Gebrauch der Schusswaffe gegen »Grenzverletzer« vorgeschrieben. Ritter hat die Anlagen an der innerdeutschen Grenze und an der Grenze der DDR zu West-Berlin in Tausenden von Aufnahmen dokumentiert und sich nicht damit begnügt, diese im eigenen Heim zu archivieren. Er ging mit den Bildern in die Öffentlichkeit. Er wollte darüber aufklären, wie der »Arbeiter-und-Bauern-Staat« sein Territorium abschottete, und deutlich machen, dass das Grenzregime mit den Menschen- und Bürgerrechten nicht in Übereinstimmung zu bringen war, weil es nach Geist und Buchstaben internationalen Vereinbarungen widersprach.

An fast 50 Orten stellte er ab 1981 seine Fotos von der Grenze durch Deutschland vor, darunter auch im Bonner Bundestag, in West-Berlin und größeren westdeutschen Städten.

Die durchweg positive Resonanz veranlasste die DDR-Behörden, gegen Ritter mobilzumachen. Als er 1982 auch noch Gründer eines Vereins Grenzopfer wurde, der es sich zur Aufgabe machte, bei der Flucht verletzten DDR-Bürgern ideell und materiell zu helfen, trat das MfS auf den Plan. Die amtliche DDR betrachtete schon seine Fotoausstellungen als »Hetzveranstaltungen«, nun erregten sich die Stasi-Leute über die Unterstützungsangebote seines Vereins. Im MfS hielt man die Aktivitäten Ritters für so gefährlich, dass sich ein Stellvertreter Mielkes der Sache annahm und sich im Mai 1982 mit folgender »Bitte« an den Leiter der Hauptabteilung I (Militärabwehr) wandte (Stasi-Unterlagen-Archiv: MfS, Arbeitsbereich NEIBER, Nr. 426, Bl. 97 f.): *»Ich bitte Sie, die notwendigen operativen Maßnahmen einzuleiten, da ersichtlich ist, dass dieser Verein von seinem Gründer offenbar dafür gedacht ist, Angriffe gegen die Staatsgrenze, Grenzsicherungskräfte und -anlagen zu organisieren. Die Zusammenstellung einer feindlichen Fotoausstellung über die Staatsgrenze lässt auf eine intensive Aufklärung der Grenzsicherung durch den Gründer des Vereins schließen und kann Ausgangspunkt für weitere Angriffe sein [...] Ich bitte Sie, da von Mitgliedern oder potentiellen Mitgliedern des Vereins auch terroristische Angriffe gegen die Staatsgrenze und die zu ihrem Schutz handelnden Kräfte zu erwarten sind, Ihre Maßnahmen im notwendigen Umfang gleichzeitig mit der Abteilung XXII (»Terrorabwehr«; die Verf.) zu koordinieren [...] Über operativ bedeutsame Ergebnisse Ihrer Maßnahmen bitte ich mich zu informieren [...]« Unterschrift: Neiber, Generalmajor«.*

In der Folge wurden auf Ritter inoffizielle Mitarbeiter (IM) des MfS angesetzt, die ihn bespitzelten. Es handelte sich dabei um Westdeutsche, die sich für diese Aufgabe aus Überzeugung oder finanziellem Interesse zur Verfügung stellten. Ihren Auftraggebern konnten sie allerdings keinerlei Belege für geplante »terroristische Angriffe« liefern. Ritter sind nach der Wende und der Friedlichen Revolution die Namen dieser Leute, die sich auch als Mitglieder seines Vereins einschrieben, von der Stasiunterlagenbehörde mitgeteilt worden.

Der »Grenzfotograf« wurde nicht nur von MfS-Zuträgern »aufgeklärt«, sondern sah sich auch seit Mitte der 1980er Jahre durch sogenannte Entspannungspolitiker im Westen bei seinen Aktivitäten mehr und mehr behindert: Aus vorauseilendem Wohlverhalten gegenüber der DDR lehnten immer öfter Städte in der Bundesrepublik seine Fotoausstellungen ab, weil man glaubte, durch diese die Partnerschaftsbeziehungen zu Kommunen im Osten zu gefährden. Auch grundsätzlich ging die Tendenz der Aussagen seiner Ausstellungen manchen Leuten in verantwortlichen politischen Positionen gegen den Strich, da sie die Zustände an der Grenze durch Deutschland und in und um Berlin inzwischen als unabänderlich hinnahmen oder diese aus politischer Bequemlichkeit nicht thematisiert sehen wollten, weil sie z.B. das Wiedervereinigungsgebot des Grundgesetzes ausgeblendet hatten. Einige dieser Politiker meinten seinerzeit, Ritters Bilder bedienten nur »Kalte Krieger« und passten nicht mehr in die Zeit. Gerhard Schröder, damals Oppositionsführer im niedersächsischen Landtag, im Sommer 1989: »Nach 40 Jahren Bundesrepublik sollte man eine neue Generation in Deutschland nicht über die Chancen einer Wiedervereinigung belügen. Es gibt sie nicht.« (*BILD-Zeitung*, 12. Juni 1989). Diese Ansicht vertraten damals viele Westpolitiker. Sie irrten sich, und das war gut so.

Der Grenzfotograf machte sich am Tag nach dem Mauerfall auf den Weg nach Berlin und fotografierte die Ereignisse und in den Wochen, Monaten und Jahren danach die Veränderungen an der innerdeutschen Grenze – auch und gerade an jenen Stellen, die er zuvor während der Zeit der Teilung ablichtete. Daraus entstand die Gegenüberstellung der Bilder von einst und heute, die dieses Buch enthält und seine Aussagekraft beinhaltet. Mit seinen Fotos hat er »eine in ihrer Breite und Intensität einmalige Dokumentation der deutschen Teilung und Einheit geschaffen«, urteilten die Juroren des »Einheitspreises 2007«, den Ritter in der Kategorie »Menschen« erhielt. Seine Website **www.grenzbilder.de** klicken jährlich mehr als eine Million Besucher an.

Der Journalist

Peter Joachim Lapp, Jahrgang 1941, als Rentner im Westerwald wohnhaft, hatte während seiner 20-jährigen Dienstzeit im Kölner Deutschlandfunk (1977–1997) als Redakteur die Möglichkeit, mit ehemaligen Angehörigen der DDR-Grenztruppen in Kontakt zu kommen, die in den Westen geflüchtet waren. Dazu gehörte ein Bataillonskommandeur und Oberstleutnant, der bei seinem Übertritt in die Bundesrepublik im Jahre 1986 Materialien über die Grenztruppen mitbrachte, die 1987 zu einer 2. Auflage eines Buches von Lapp über diese Formationen führten. Ursprünglich war geplant, die Zweitauflage zusammen mit dem geflüchteten DDR-Stabsoffizier herauszubringen, was aber das DDR-Büro für Urheberrechte Autor und Verlag verbot. Grund: Der Exoffizier und ehemalige IM des MfS war im Frühjahr 1987 in die DDR zurückgekehrt und wollte von einer Koautorschaft nichts mehr wissen. Seit der deutschen Einheit hat der Journalist mehrere Bücher zum Themenbereich »Grenze / Grenztruppen / Grenzregime« vorgelegt, zum Teil zusammen mit Jürgen Ritter, wie z. B. den Longseller »Die Grenze. Ein deutsches Bauwerk«, der 2015 in der 9. Auflage erschienen ist **(www.grenzregime-der-ddr.de)**.

Jürgen Ritter · Peter Joachim Lapp
Die Grenze
Ein deutsches Bauwerk

9., aktualisierte Auflage
208 Seiten, 219 Abbildungen, Festeinband
ISBN 978-3-86153-560-7
30,00 € (D) · 30,90 € (A)

»Die Autoren wollen eine erste rückwirkende Bestandsaufnahme liefern, und diese ist ihnen auch eindrucksvoll gelungen. Der Band enthält Photos, die noch einmal zeigen, wie ganze Landschaften von Sperranlagen zerschnitten wurden, und bringt eine Fülle von Fakten, Daten und Beschreibungen dieser einmaligen Grenze.«

Die Zeit